신나는
바이올린
계이름공부
1
레 라
세광음악출판사
KB241490

OPEN A·D

1권

▶ 계이름
▶ 오선 악보로 보는 라, 레
솔레라미 줄이름
줄과 칸
높은음자리표
음표와 쉼표_ ♩ ♩. ♩ o
마디와 세로줄

A

2권

▶ 영어 음이름
▶ 라(A)줄_라시도레미
▶ 임시표 도♯
라(A)줄_라시도레미
온음과 반음
음표와 쉼표_
여러 가지 세로줄
도돌이표 ①

D

3권

▶ 우리나라 음이름
▶ 레(D)줄_레미파솔라
▶ 임시표 파♯
▶ 조표 ♯
레(D)줄_레미파솔라
줄의 혼합 A+D
음표와 쉼표_ ♪ ♪
박자표(4/4, 2/4)
도돌이표 ②

E

4권

▶덧줄과 덧칸_오선의 위
▶미(E)줄_미파솔라시
▶조표 ♯♯ ♯♯♯
▶임시표 시♭

미(E)줄_미파솔라시
줄의 혼합 A+D+E
음표와 쉼표_ ♪ ♪ ⁊
박자표(3/4)
도돌이표③

G

5권

▶덧줄과 덧칸_오선의 아래
▶솔(G)줄_솔라시도레
▶조표 ♭, ♭♭

줄의 혼합 A+D+E+G
음표와 쉼표_ ♫♫
셈여림표
박자표(6/8)

바이올린 제작자가 되어 바이올린의 몸통 위 비어 있는 곳에 스티커를 붙여보세요.

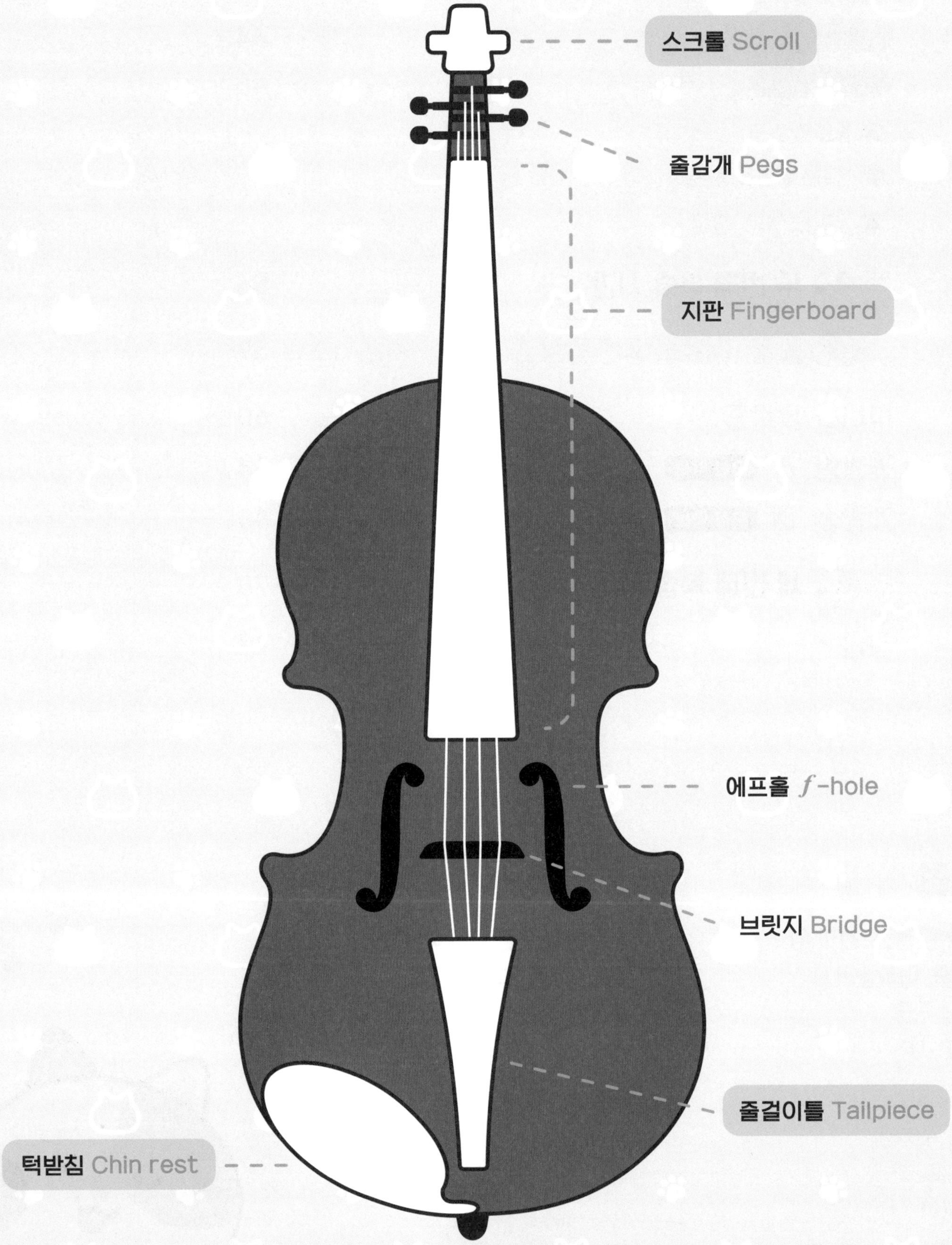

바이올린에는 네 개의 줄이 있어요. 줄을 그려 바이올린을 완성해 보세요.

바이올린은 4개 줄을 소리냅니다.
줄의 두께가 **두꺼울수록 낮은 소리**가 나고,
얇을수록 높은 소리가 납니다.

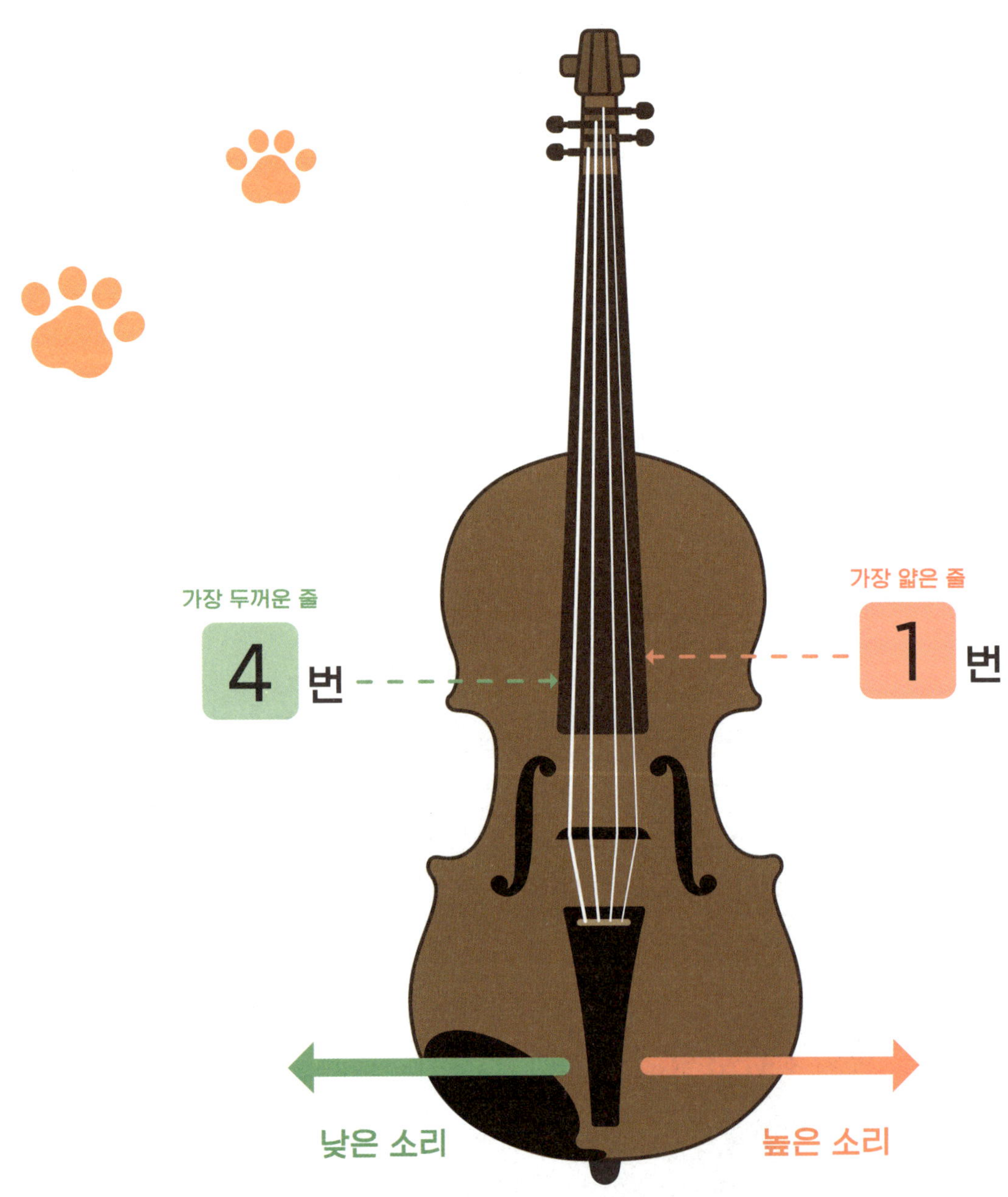

악마의 바이올리니스트 파가니니의 콘서트장이에요.

파가니니 바이올린 4개의 줄 중 가장 낮은 소리의 줄이 끊어졌어요.

연주가 중단된 콘서트장에 어떤 줄을 보내줘야 할까요?

가장 낮은 소리의 줄을 골라 빈칸에 ◯ 표시해 보세요.

지판을 짚는 왼손 손가락이
바이올린의 **머리 쪽을 향해 가면 음이 낮아지고,**

반대로 왼손 손가락이
브릿지 쪽을 향해 온다면 음은 높아져요.

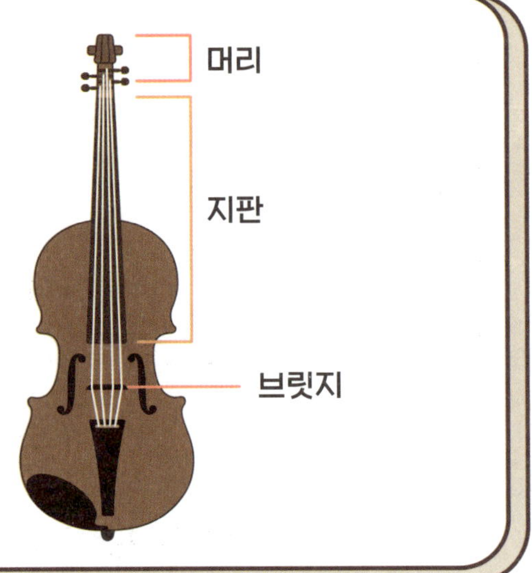

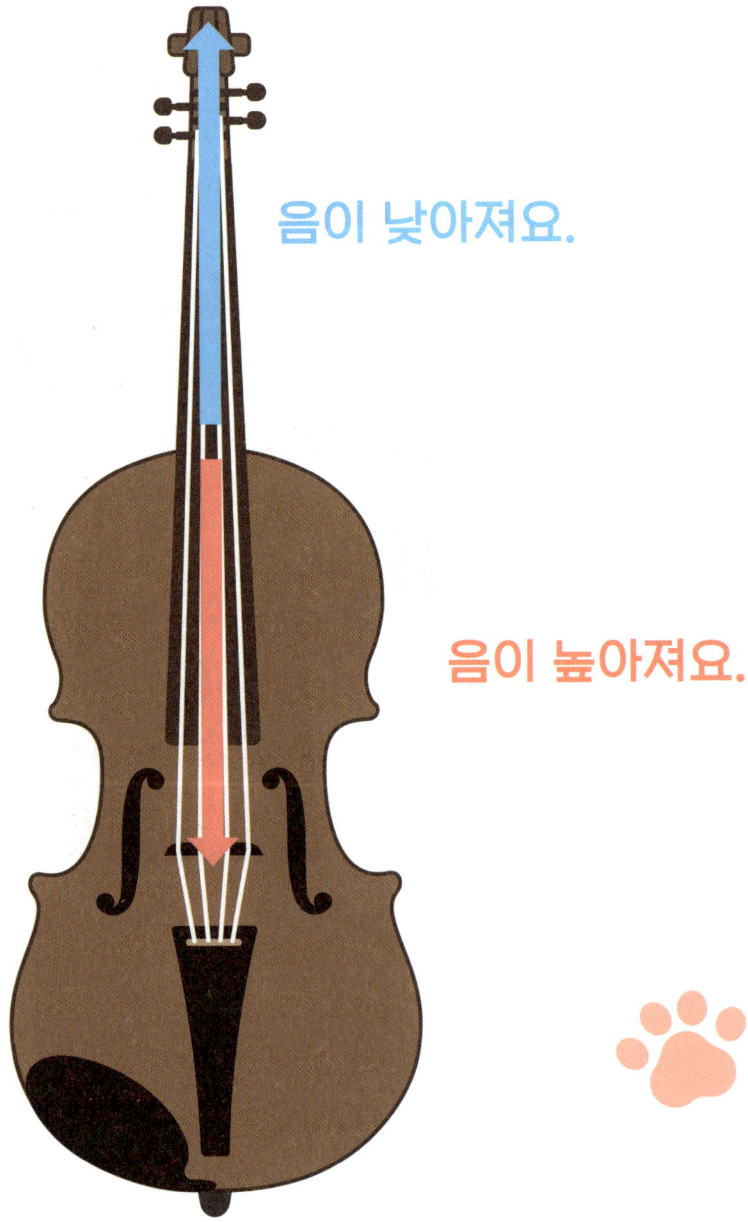

파가니니가 오늘 콘서트에서 지판 위 가장 높은 음을
소리내어 바이올린 테크닉을 뽐내고 싶어합니다.

가장 높은 소리를 내는 지판의 위치를 찾아 빈칸에 ∨ 표시해 보세요.

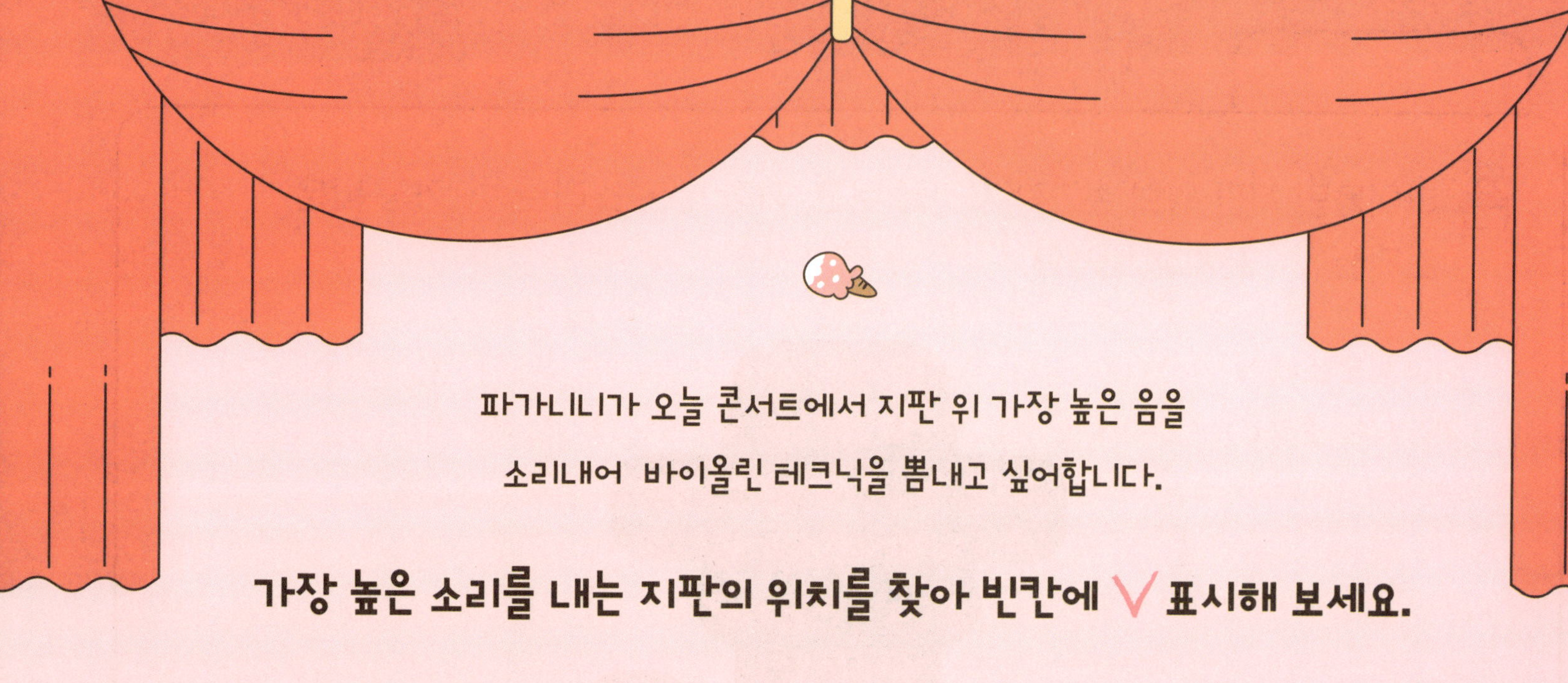

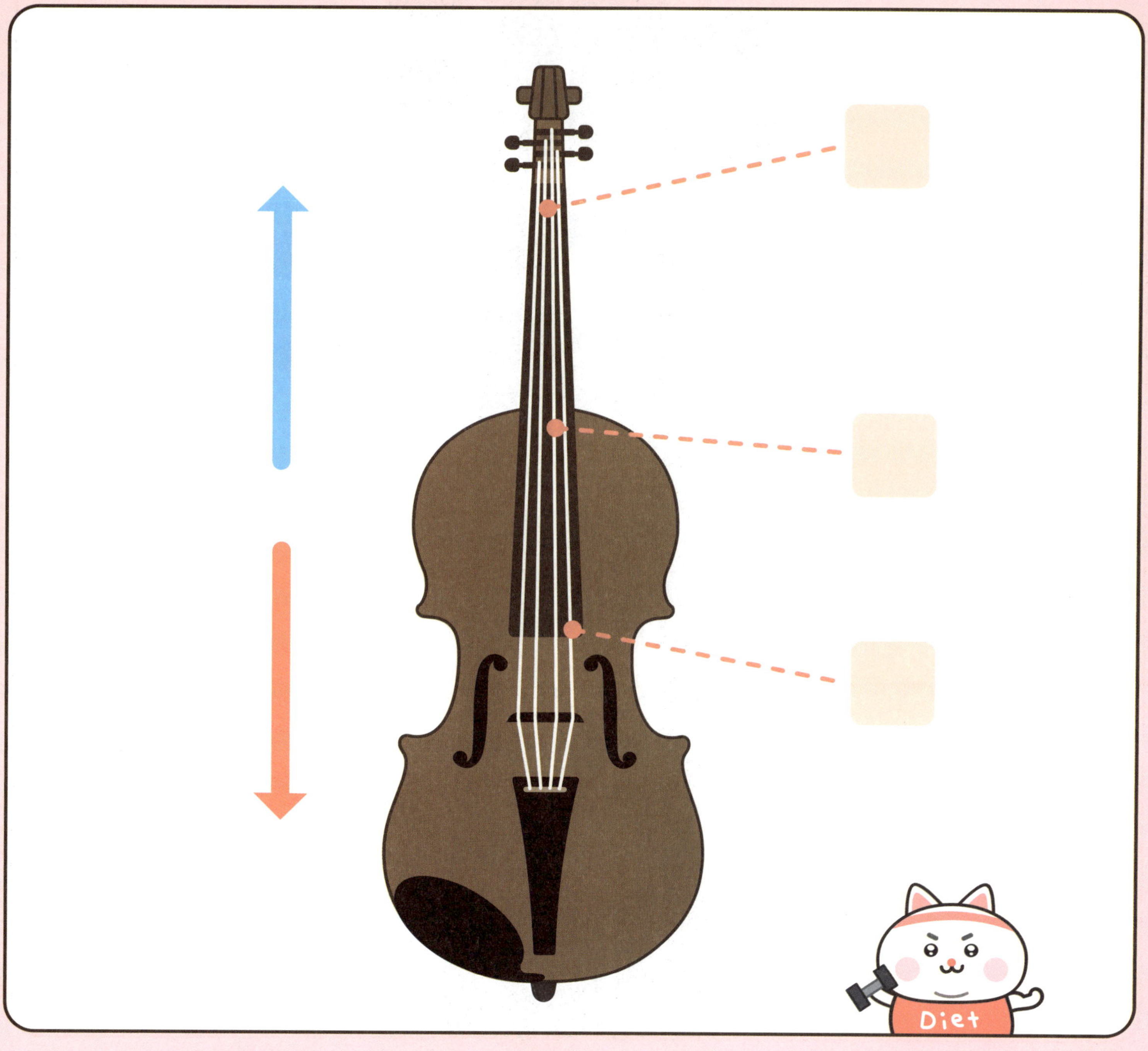

 바이올린 지판 위의 손가락 자리를 보고, 가장 높은 소리는 V, 가장 낮은 소리는 ◯ 표시해 보세요.

가장 높은 소리 V
가장 낮은 소리 ◯

바이올린 지판 위의 손가락 자리를 보고, 가장 높은 소리는 V, 가장 낮은 소리는 ◯ 표시해 보세요.

가장 높은 소리 V
가장 낮은 소리 ◯

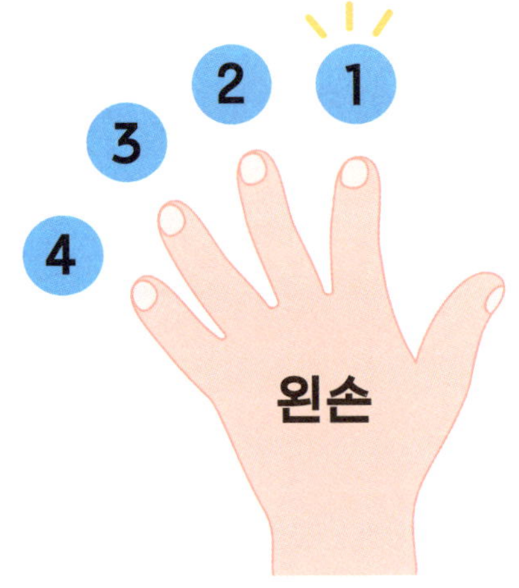

왼손 손가락은 다섯 개이지만,
바이올린에서는 네 개의 손가락만 사용해요.

그렇다고 엄지손가락이 놀고 있지는 않아요.
엄지손가락은 왼손이 편안하고 안정감 있게 지판을 다닐 수 있도록
밑에서 잘 받쳐주고 있어야 한답니다.

 ○ 안에 알맞은 손가락 번호를 써 보세요.

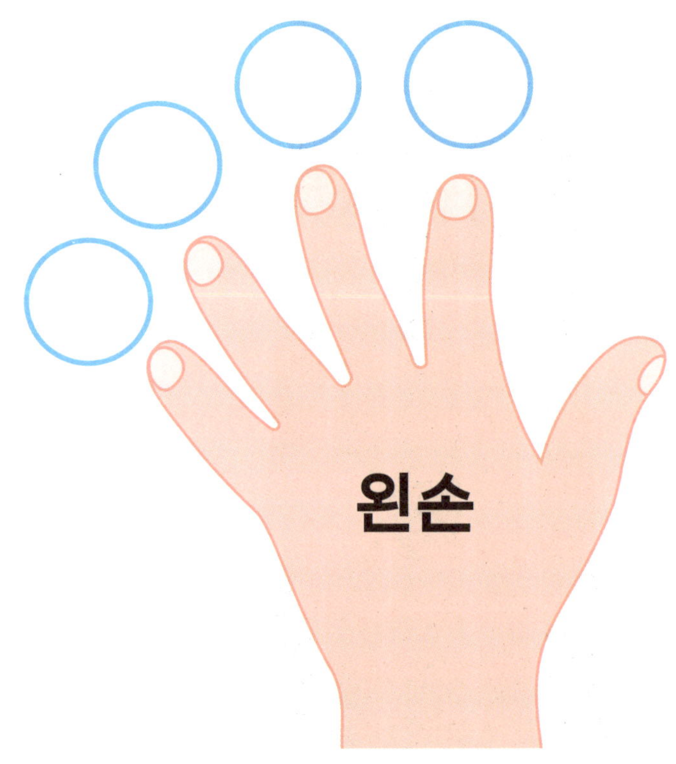

고양이가 말하고 있는 손가락에 마음에 드는 네일 아트 스티커를 붙여보세요.

지판 위 4번 손가락

2번 손가락

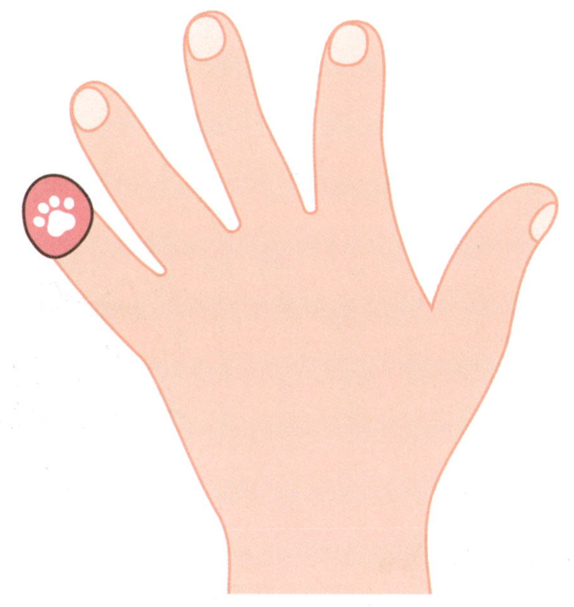

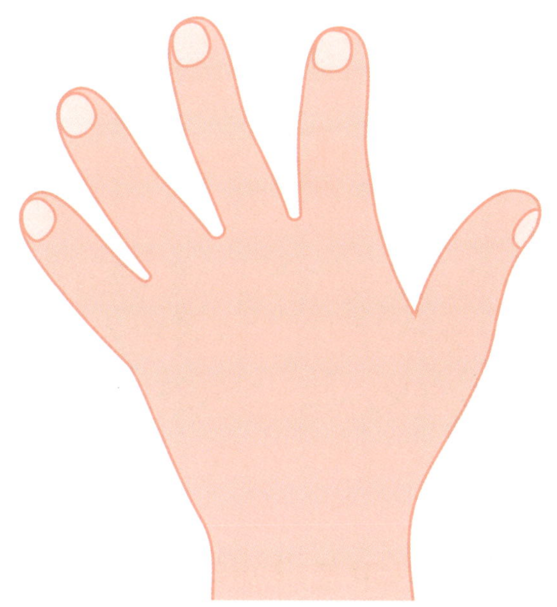

1번, 3번 손가락

2번, 4번 손가락

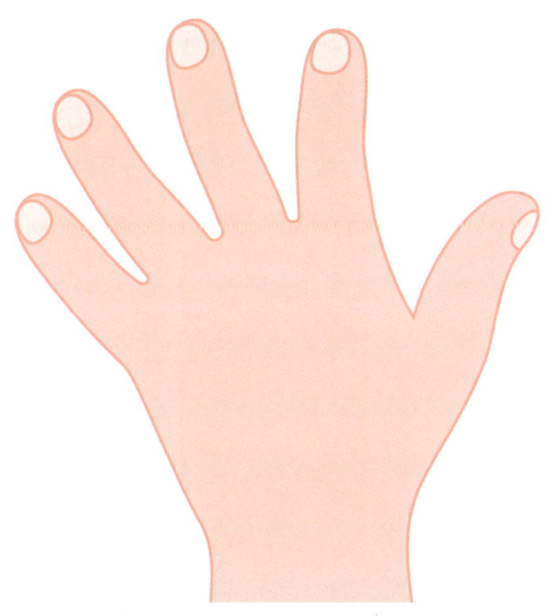

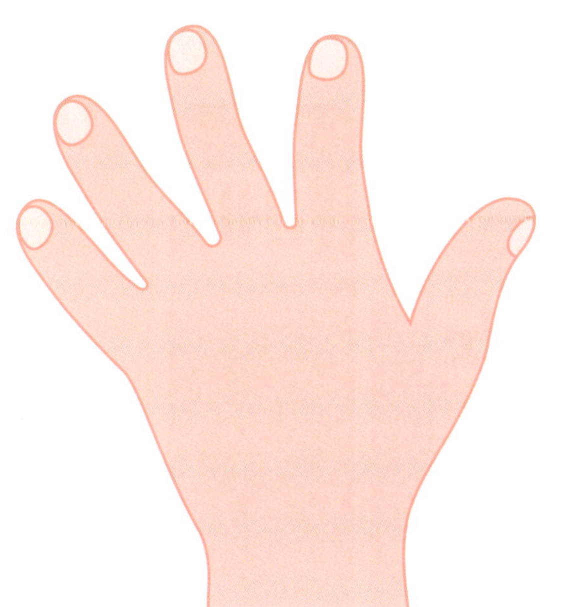

음계는 7개의 계이름으로 되어 있습니다.

도 레 미 파 솔 라 시

바이올린 지판 위 계이름을 보고, 같은 색깔의 공을 찾아 계이름 스티커를 붙여보세요.

도
시
라
솔
파
미
레
도
6
3
5
4
2
8
7
1
도

🧁 고양이들이 올라갈 수 있도록 구멍 뚫린 사다리의 빈칸을 계이름으로 채워보세요.

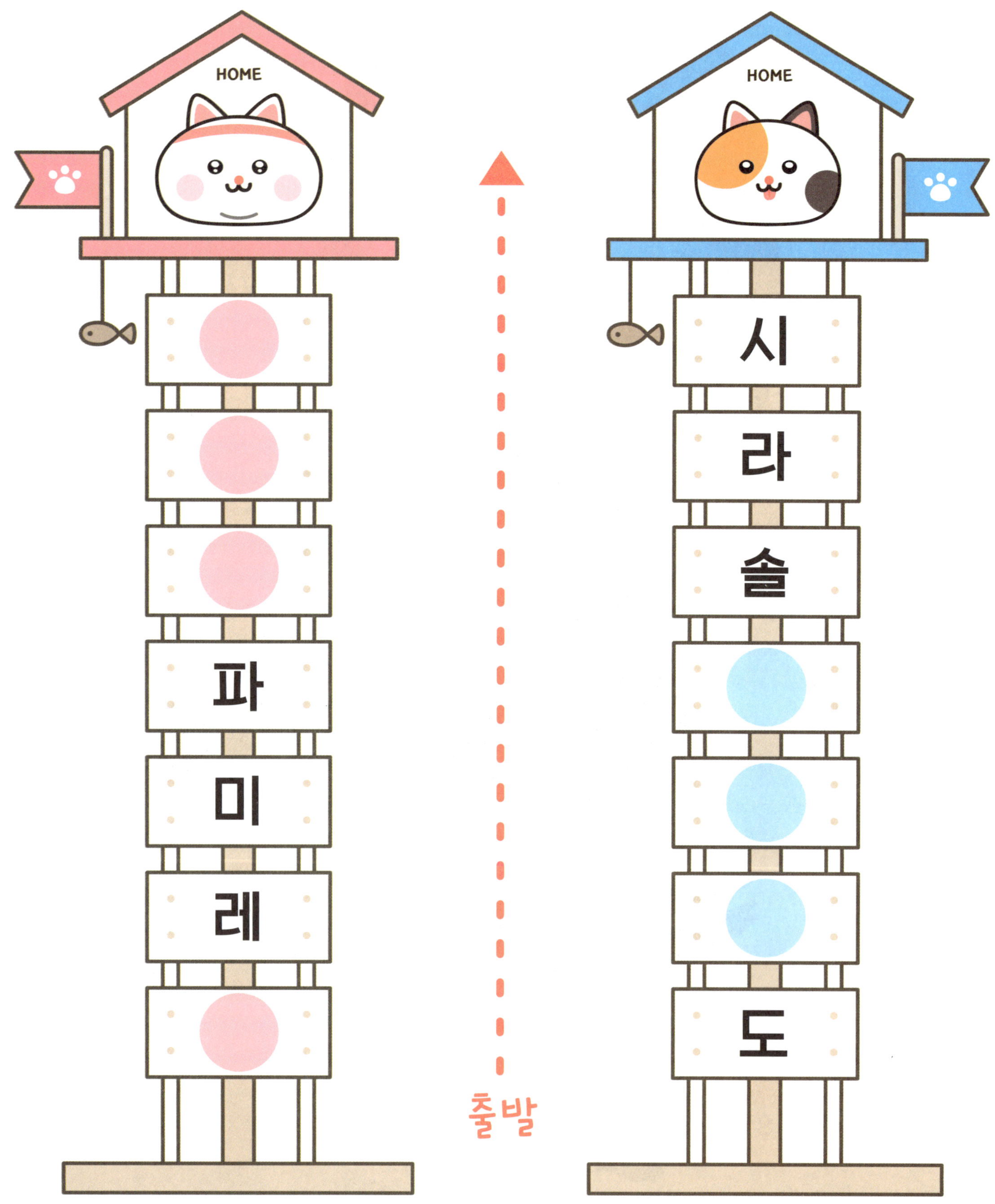

🧁 고양이들이 내려갈 수 있도록 구멍 뚫린 사다리의 빈칸을 계이름으로 채워보세요.

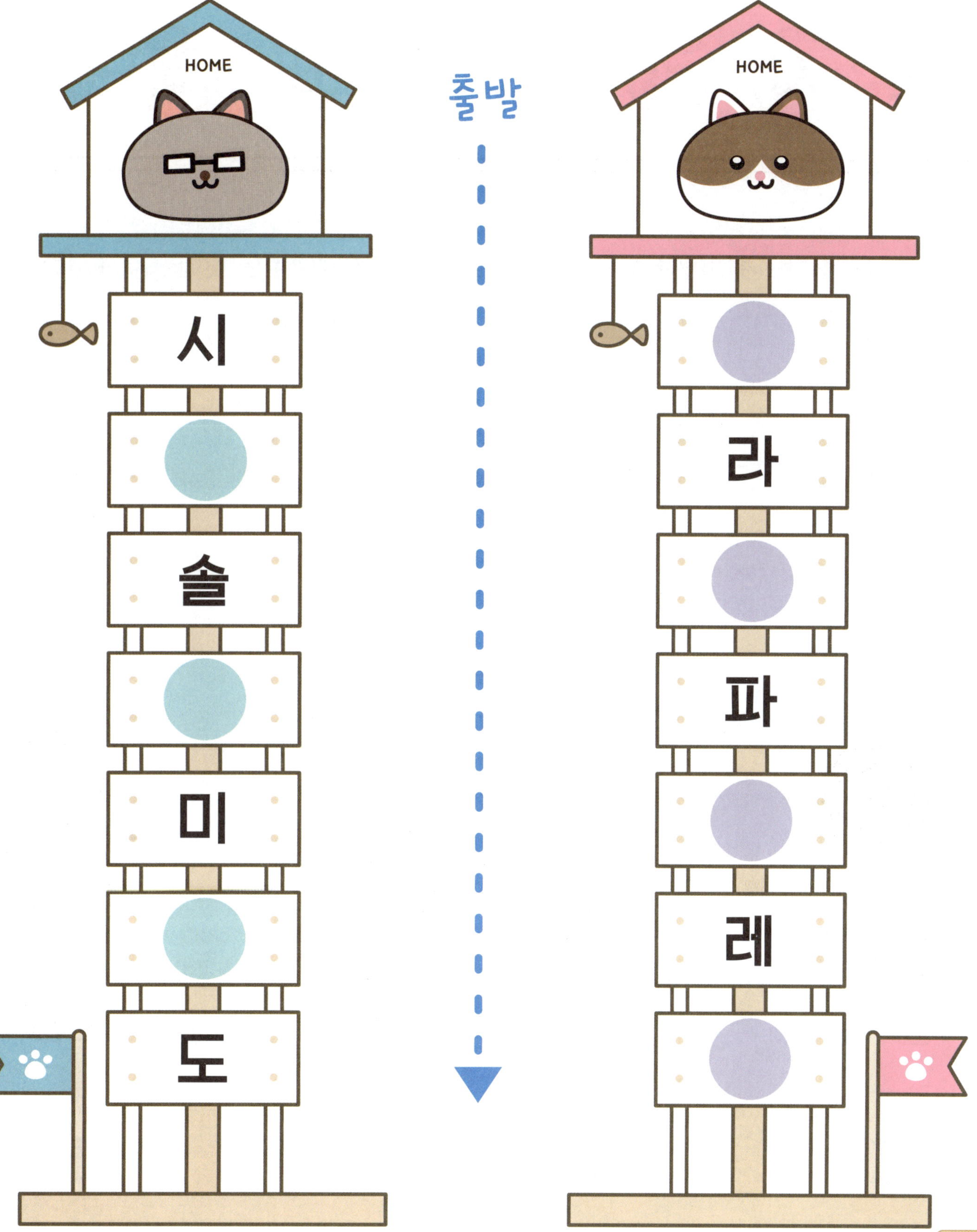

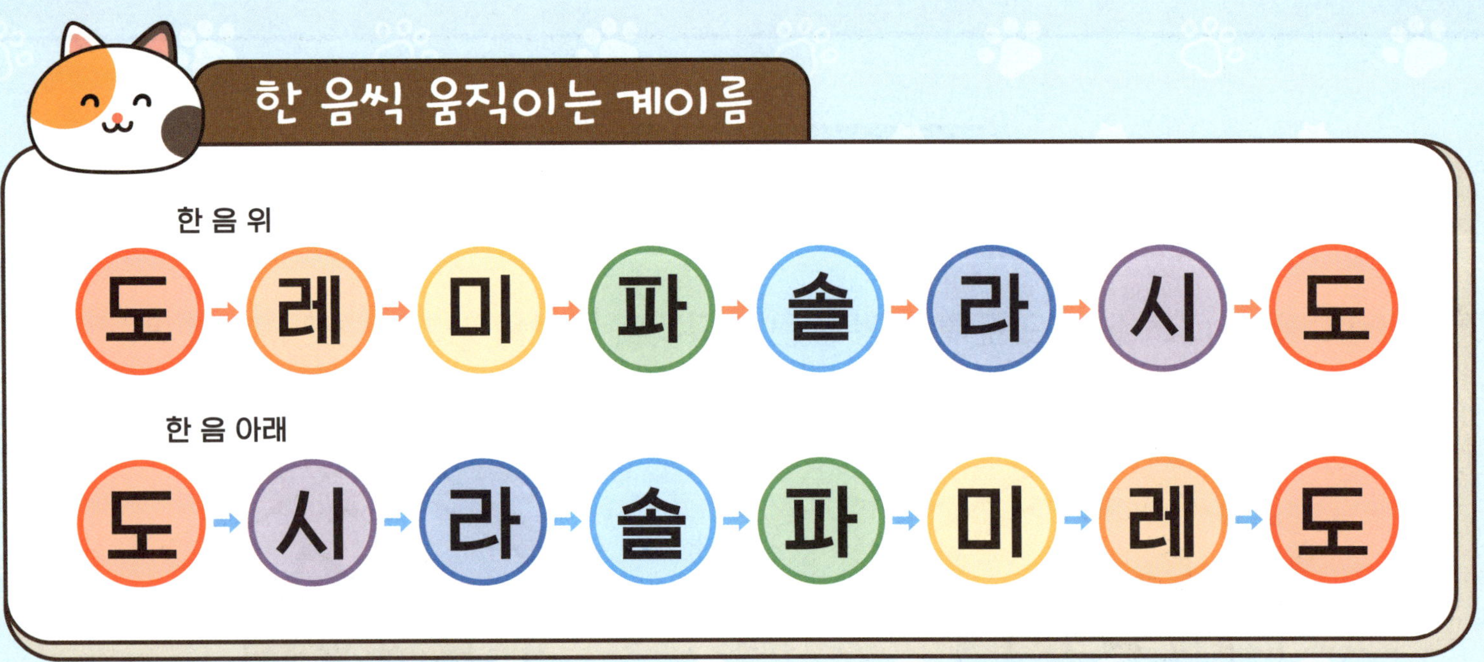

한 음씩 움직이는 계이름을 보고, 빈칸에 들어가야 할 계이름을 찾아 ◯ 표시해 보세요.

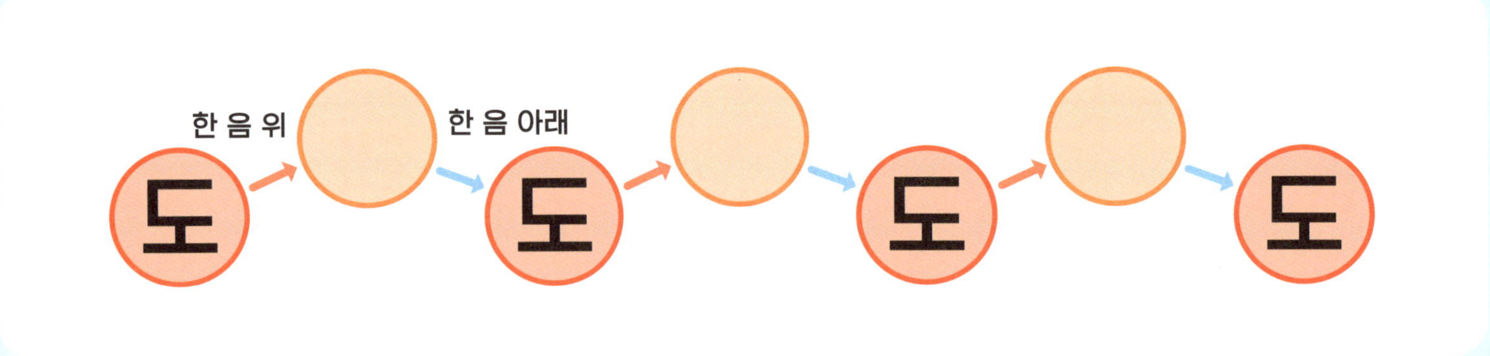

한 음씩 움직이는 계이름을 보고, 빈칸에 들어가야 할 계이름을 찾아 ⬭ 표시해 보세요.

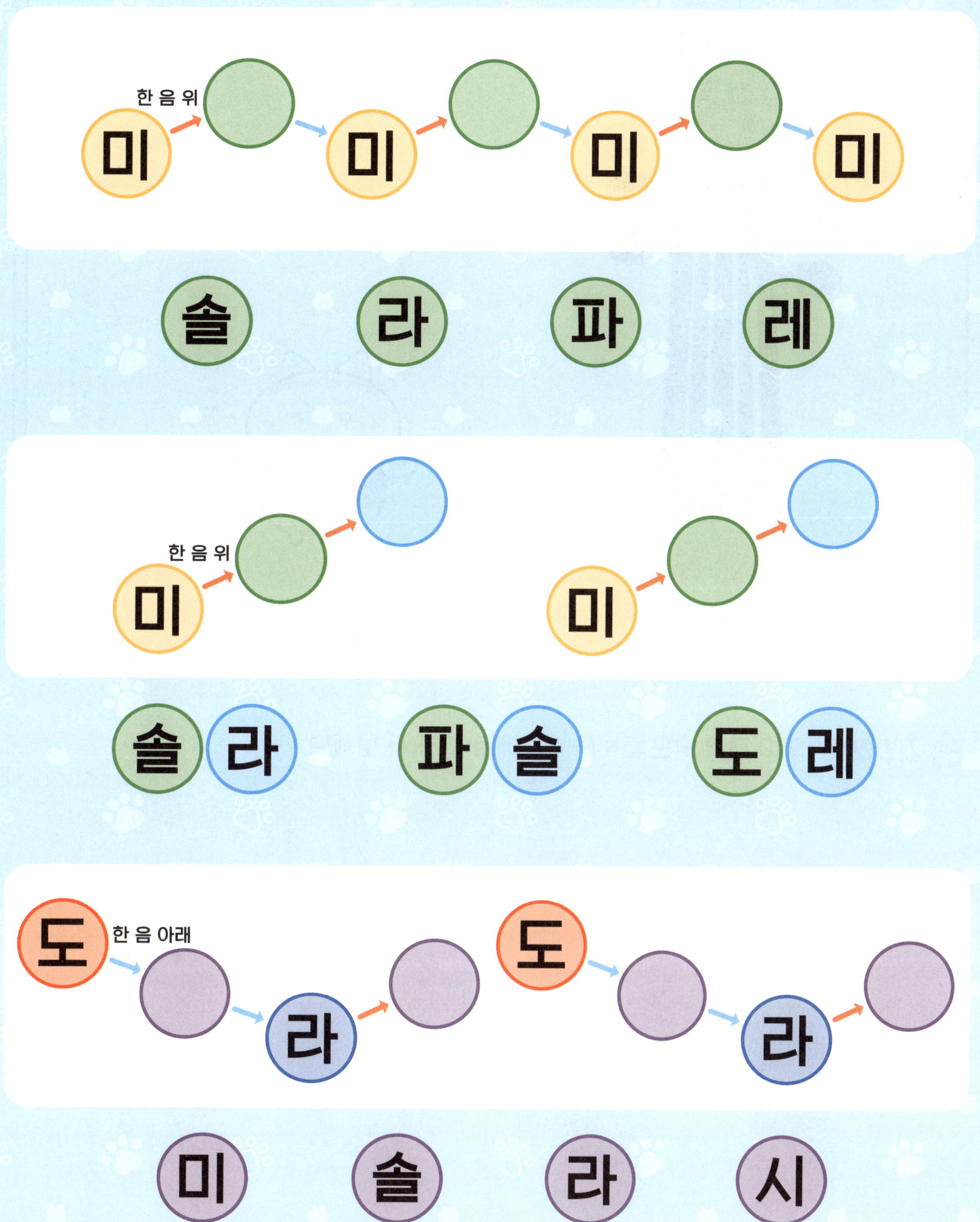
한 음 위
미 미 미 미
솔 라 파 레

한 음 위
미 미
솔 라 파 솔 도 레

도 한 음 아래 도
라 라
미 솔 라 시

개방현 줄이름

솔레라미

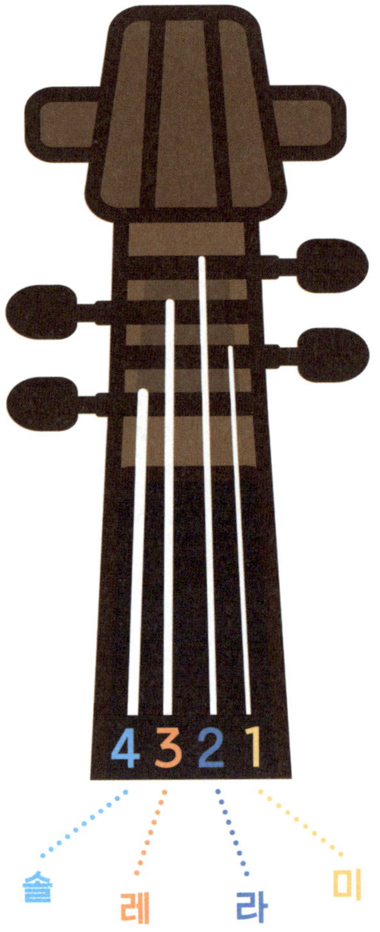

바이올린은 4개의 줄을 연주합니다.
솔레라미의 순서대로 외워보세요.

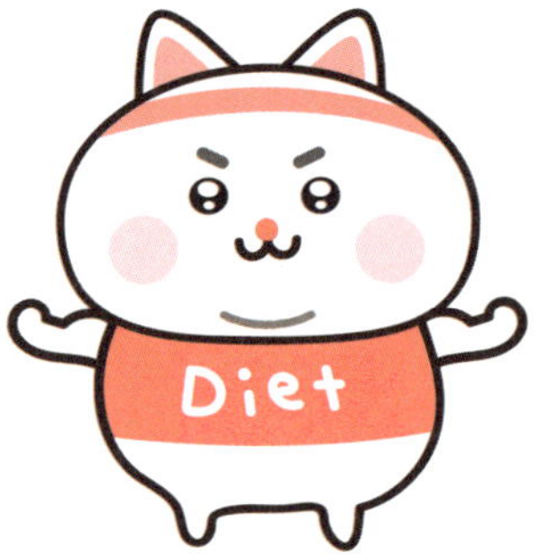

개방현 4줄의 이름을 낮은 줄부터 순서대로 따라 써 보세요.

솔	레	라	미
4	3	2	1
솔	레	라	미

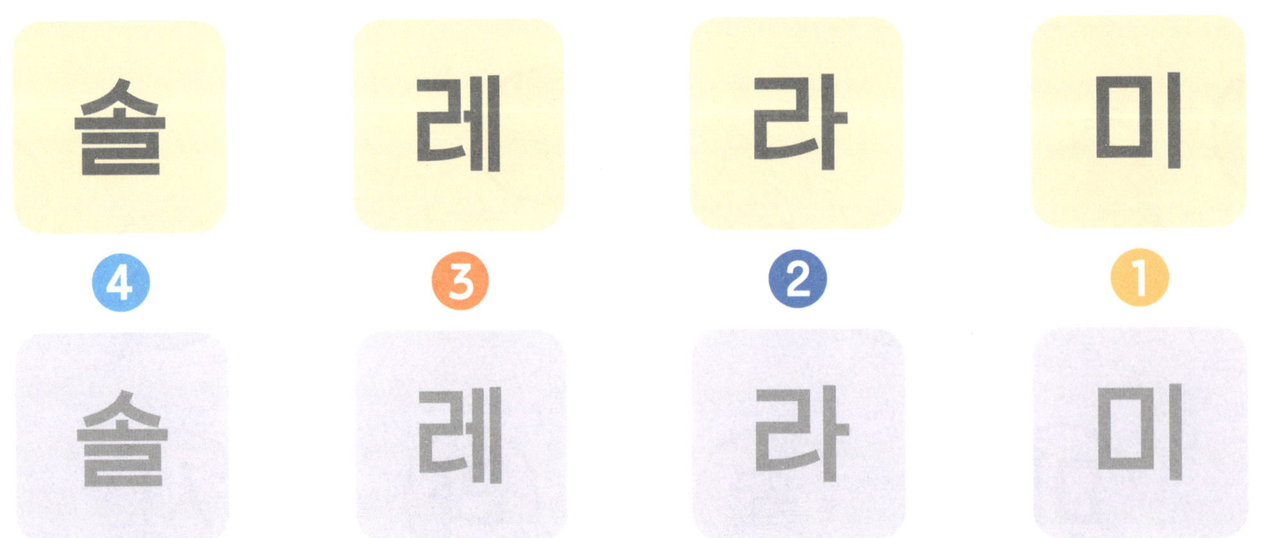

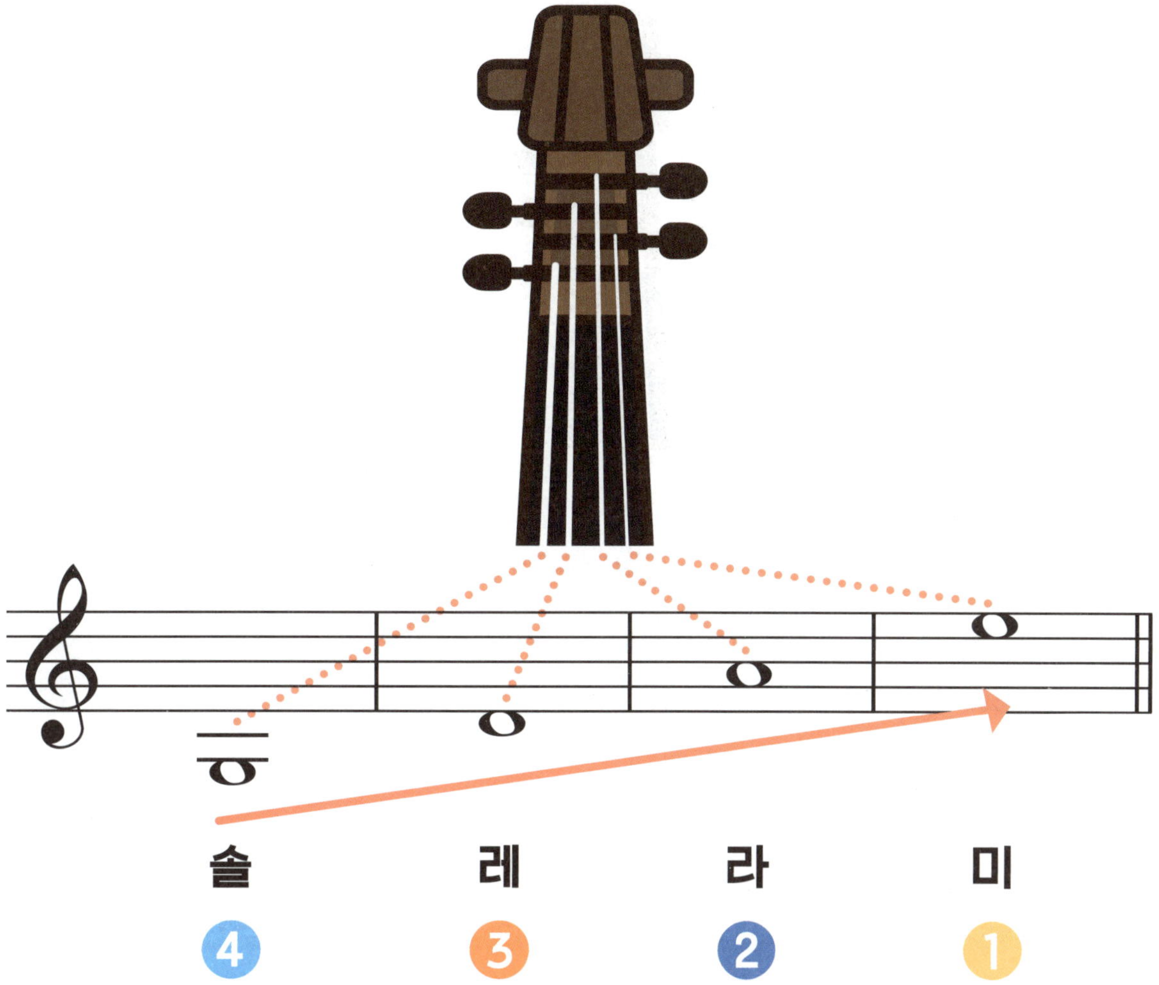

개방현 줄이름을 낮은 줄부터 순서대로 쓴 것을 모두 찾아 V 표시해 보세요.

솔 › 레 › 라 › 미	V	솔 › 라 › 레 › 미	
솔 › 레 › 라 › 미		솔 › 미 › 레 › 라	
미 › 라 › 레 › 솔		솔 › 레 › 라 › 미	

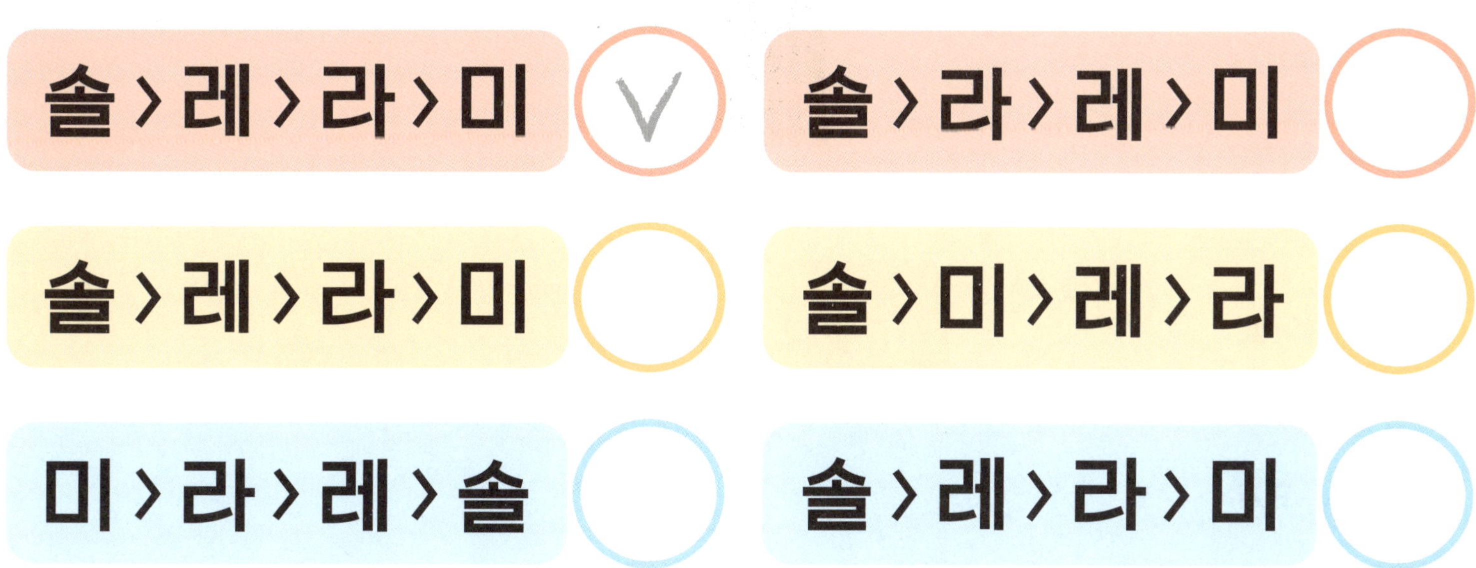

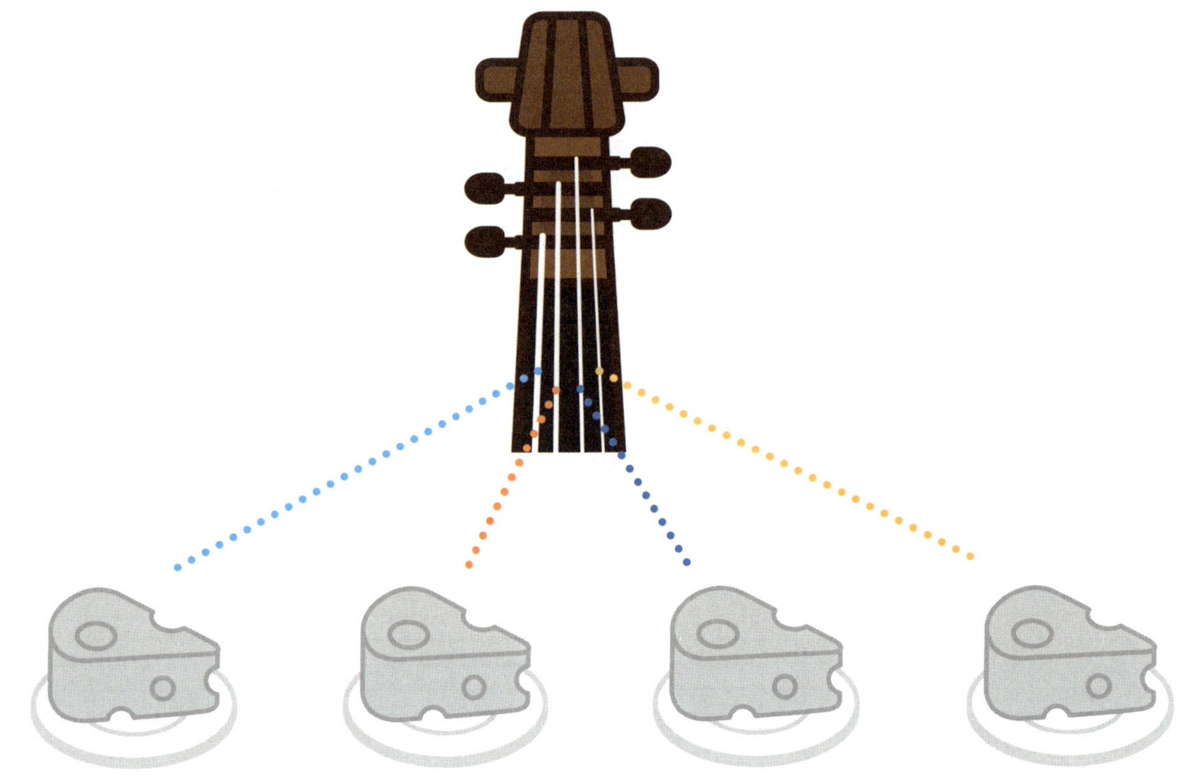

빈칸에 줄이름 스티커를 붙여보세요.

개방현 4줄의 이름을 빈칸에 쓰고,
가장 낮은 소리의 줄은 ◯, 가장 높은 소리의 줄은 ∨ 표시해 보세요.

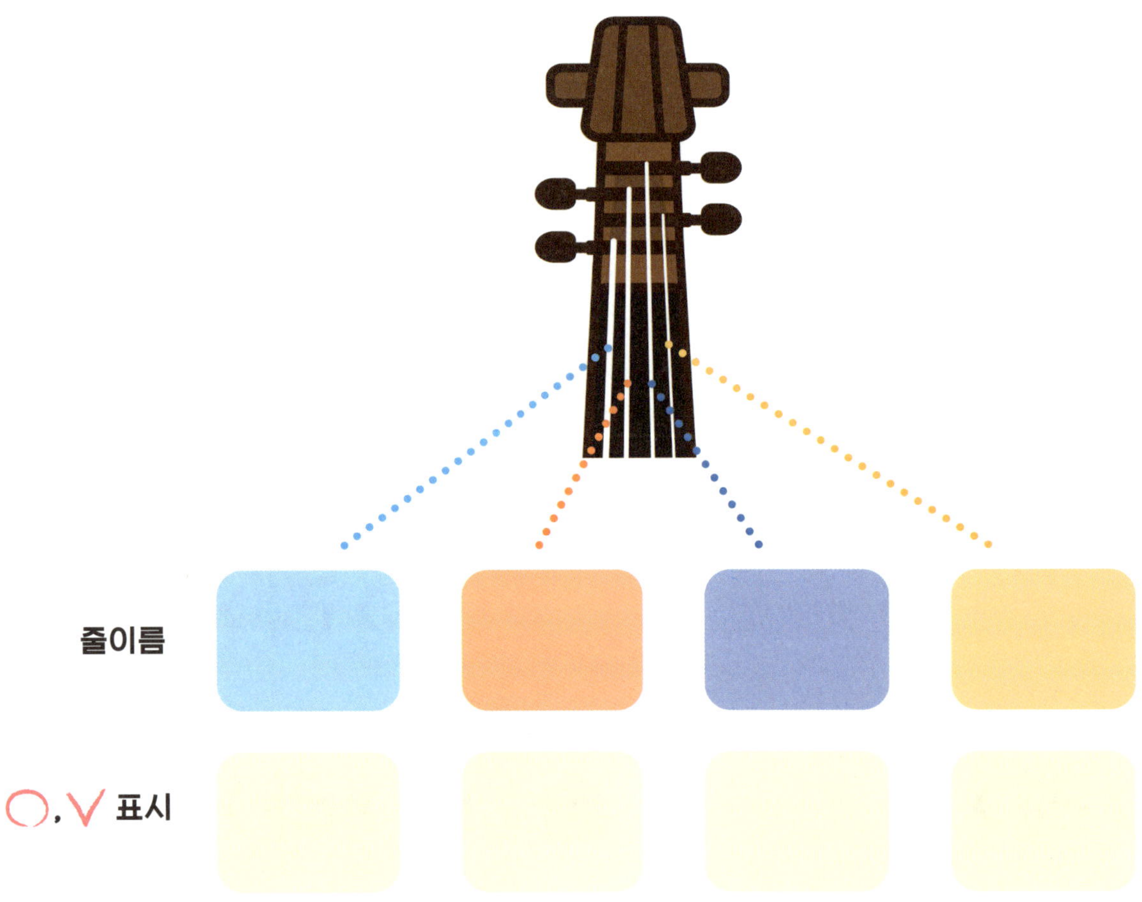

 지판 위 색이 칠해진 줄의 이름을 써 보세요.

빈칸에 바이올린 줄이름을 적어보고, 가장 높은 소리를 내는 줄에 ∨표시해 보세요.

고양이가 말하고 있는 왼손 손가락 번호를 보고, 빈칸에 ✓표시해 보세요.

1번, 2번 손가락

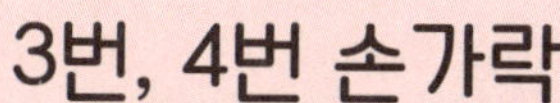

3번, 4번 손가락

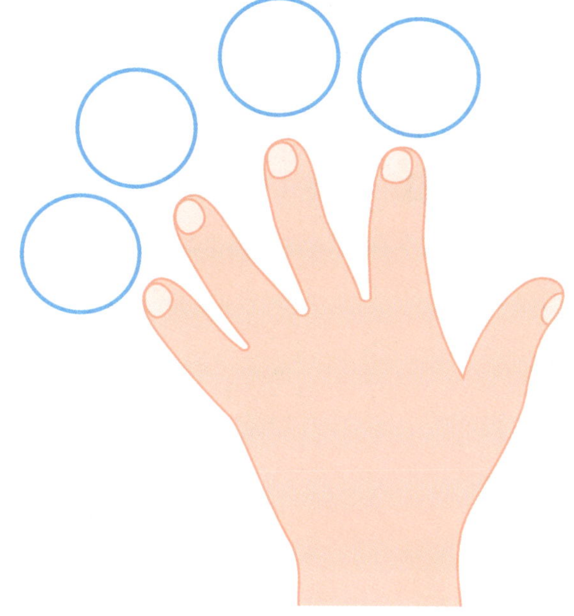

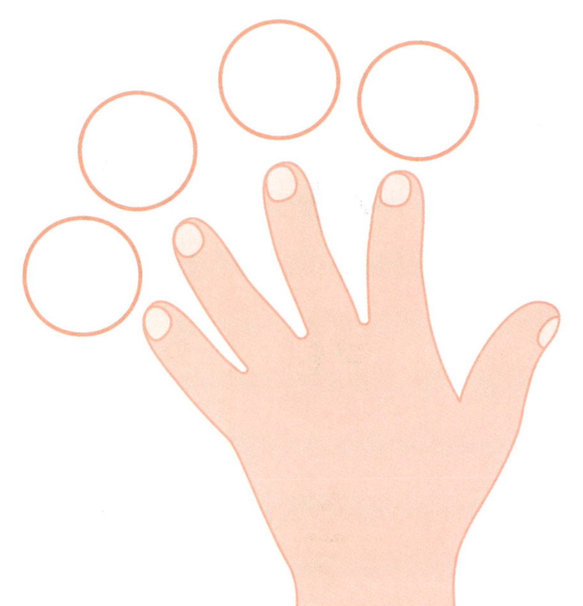

2번, 4번 손가락

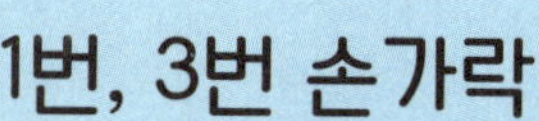

1번, 3번 손가락

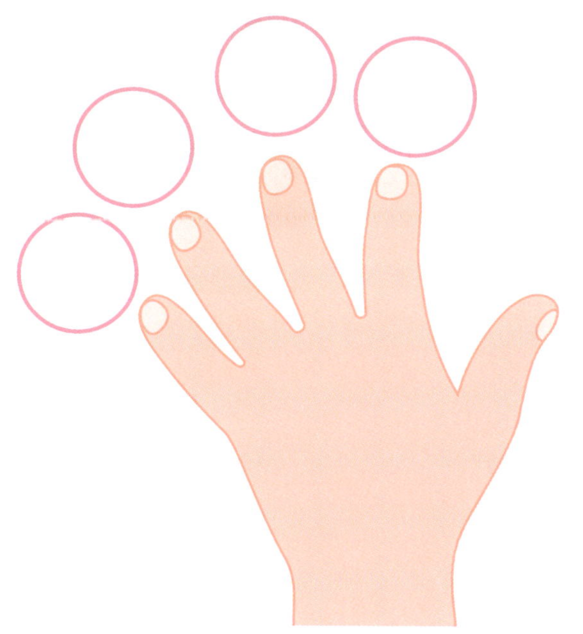

음악 시간에 '도레미파솔라시' 계이름 7행시 대회가 열렸어요.
빠진 계이름이 무엇인지 적어보고, 어울리는 문장도 만들어보세요.

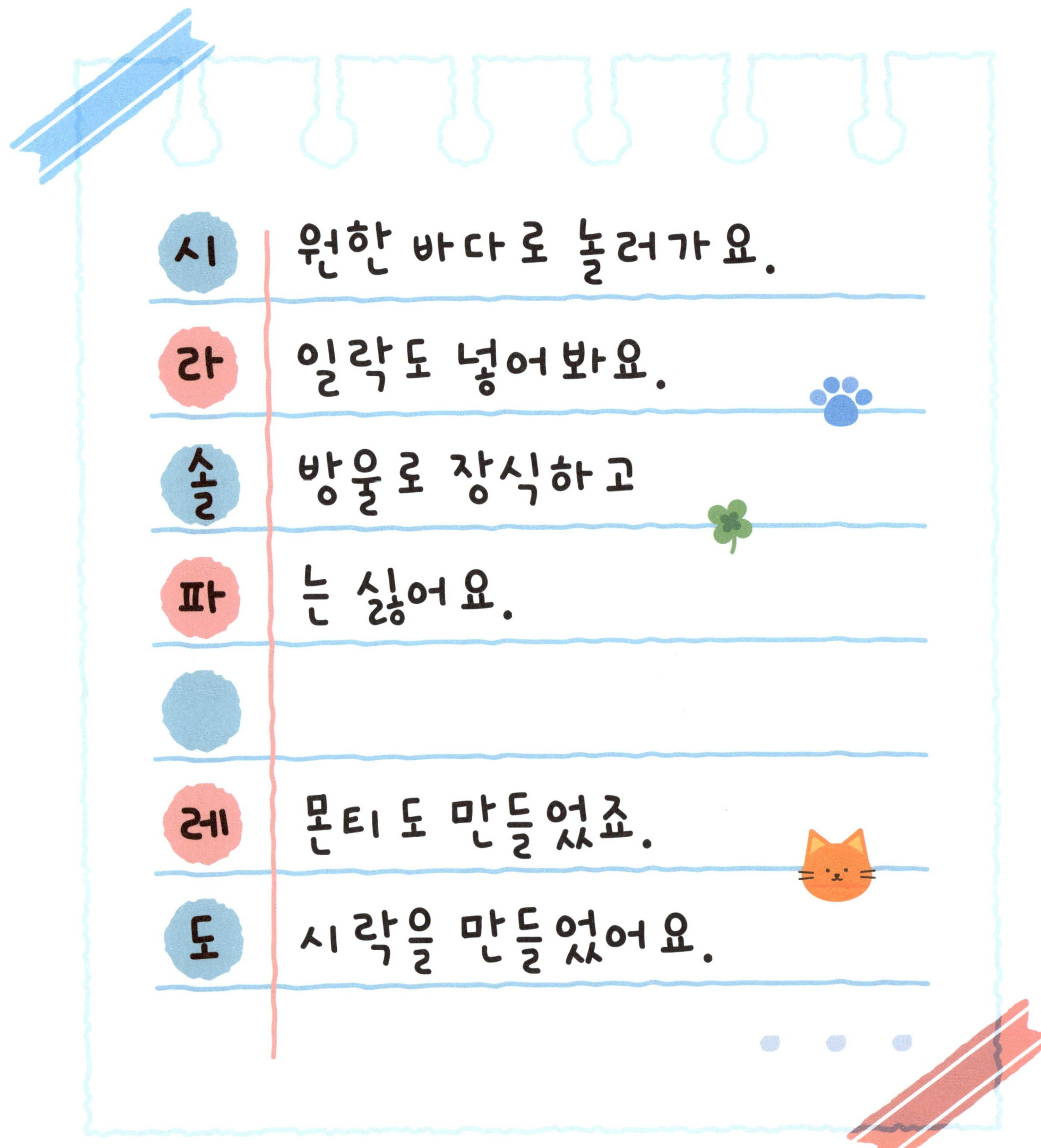

🧁 한 음씩 움직이는 계이름을 보고, 빈칸에 들어가야 할 계이름 풍선을 찾아 ⭕ 표시해 보세요.

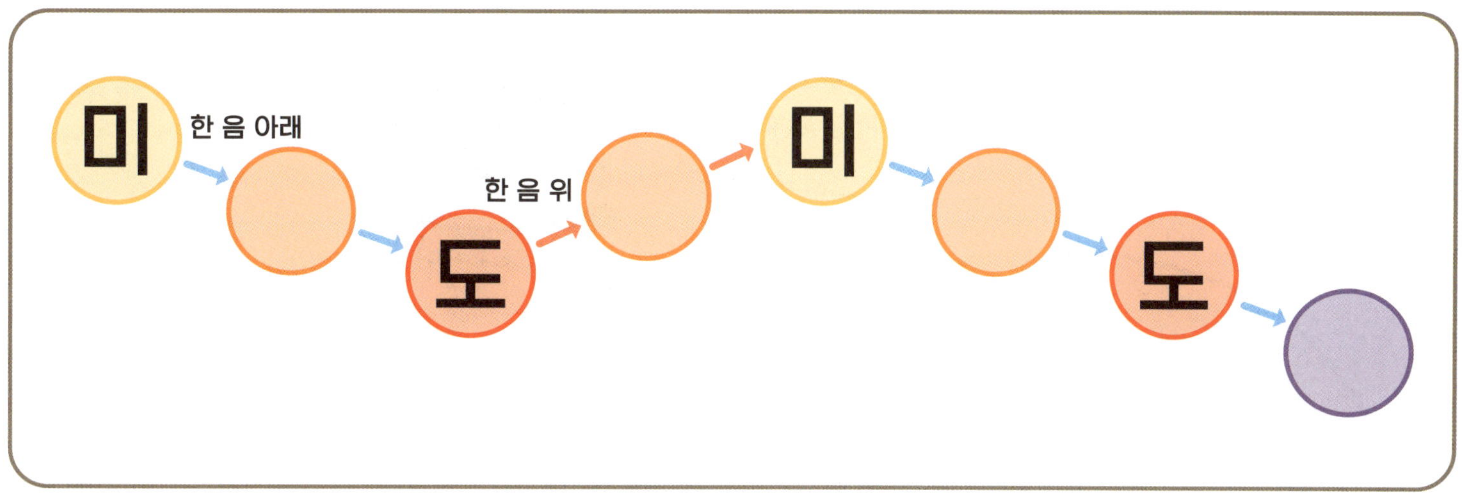

 아랫줄부터 차례대로 다섯 개의 줄을 그어 오선 악보를 완성해 보세요.

MUSIC LIFE

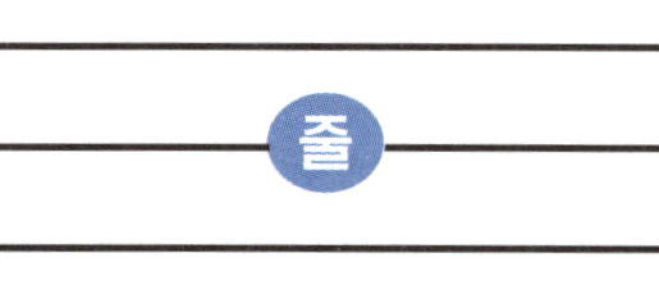

줄과 칸

오선 악보는 줄과 칸으로 만들어졌고, 음표를 줄 또는 줄과 줄 사이의 칸에 넣어요.

 음표를 줄 또는 칸에 따라 그려보세요.

줄

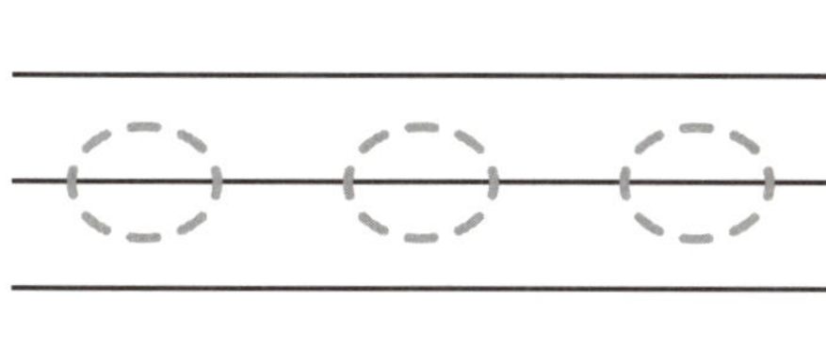

칸

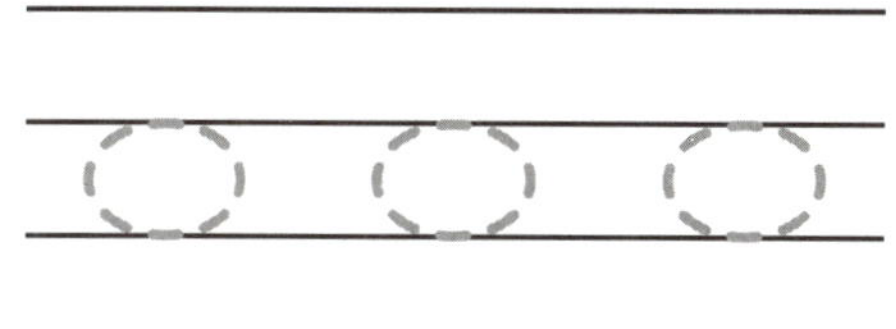

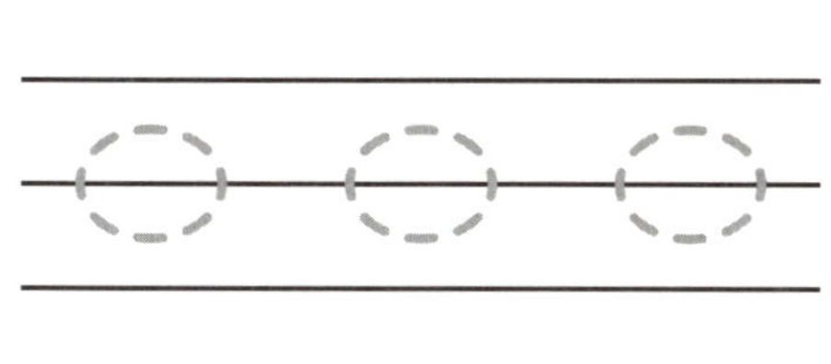

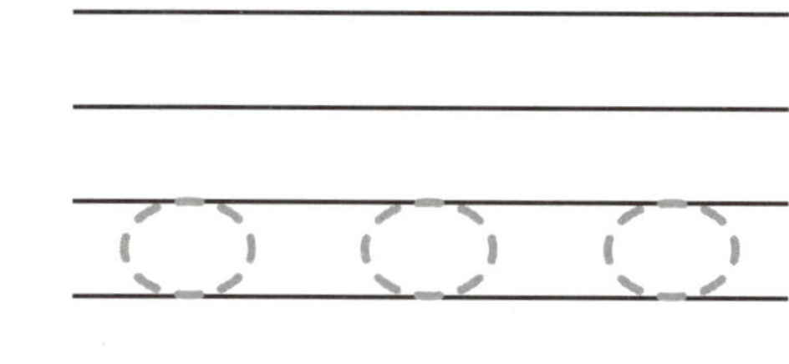

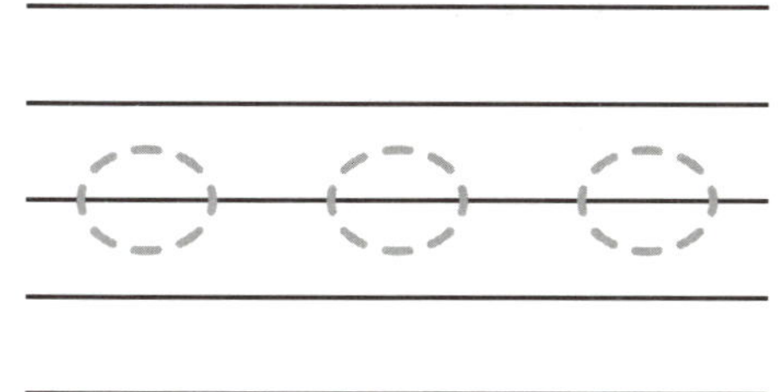

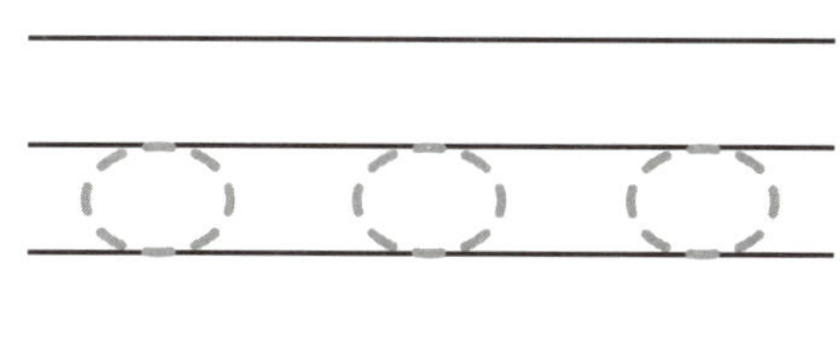

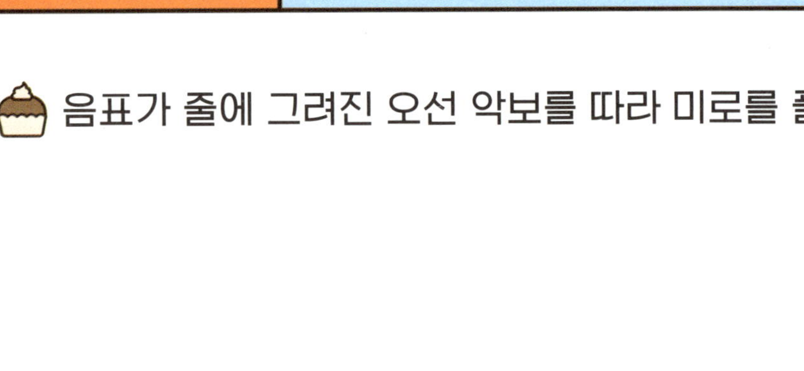

🧁 음표가 줄에 그려진 오선 악보를 따라 미로를 풀어보세요.

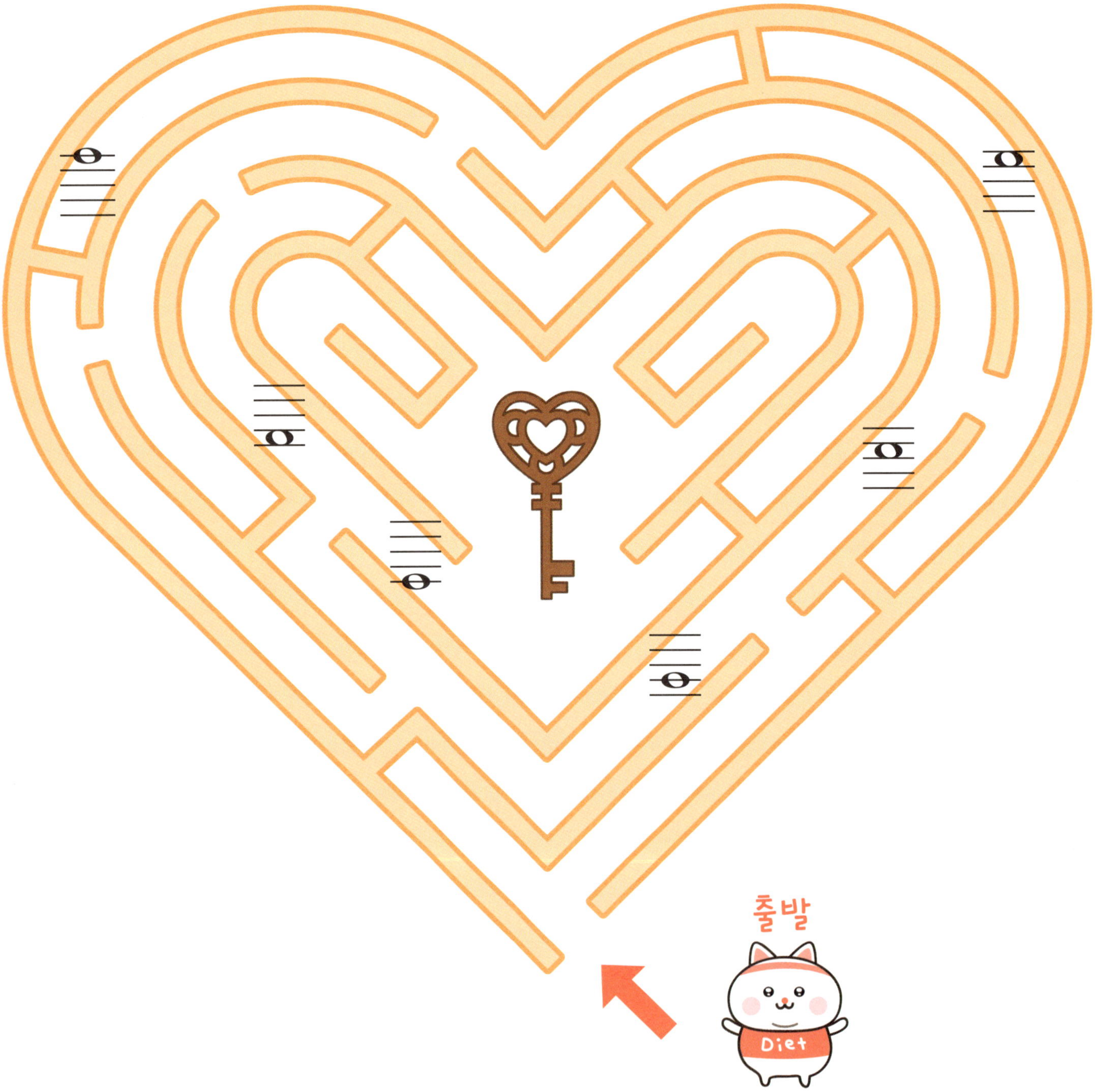

칸의 미로

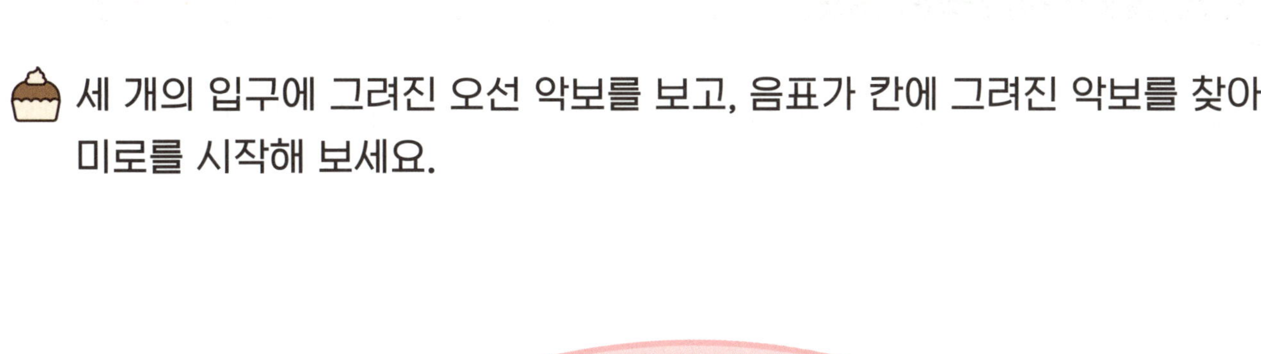

세 개의 입구에 그려진 오선 악보를 보고, 음표가 칸에 그려진 악보를 찾아 미로를 시작해 보세요.

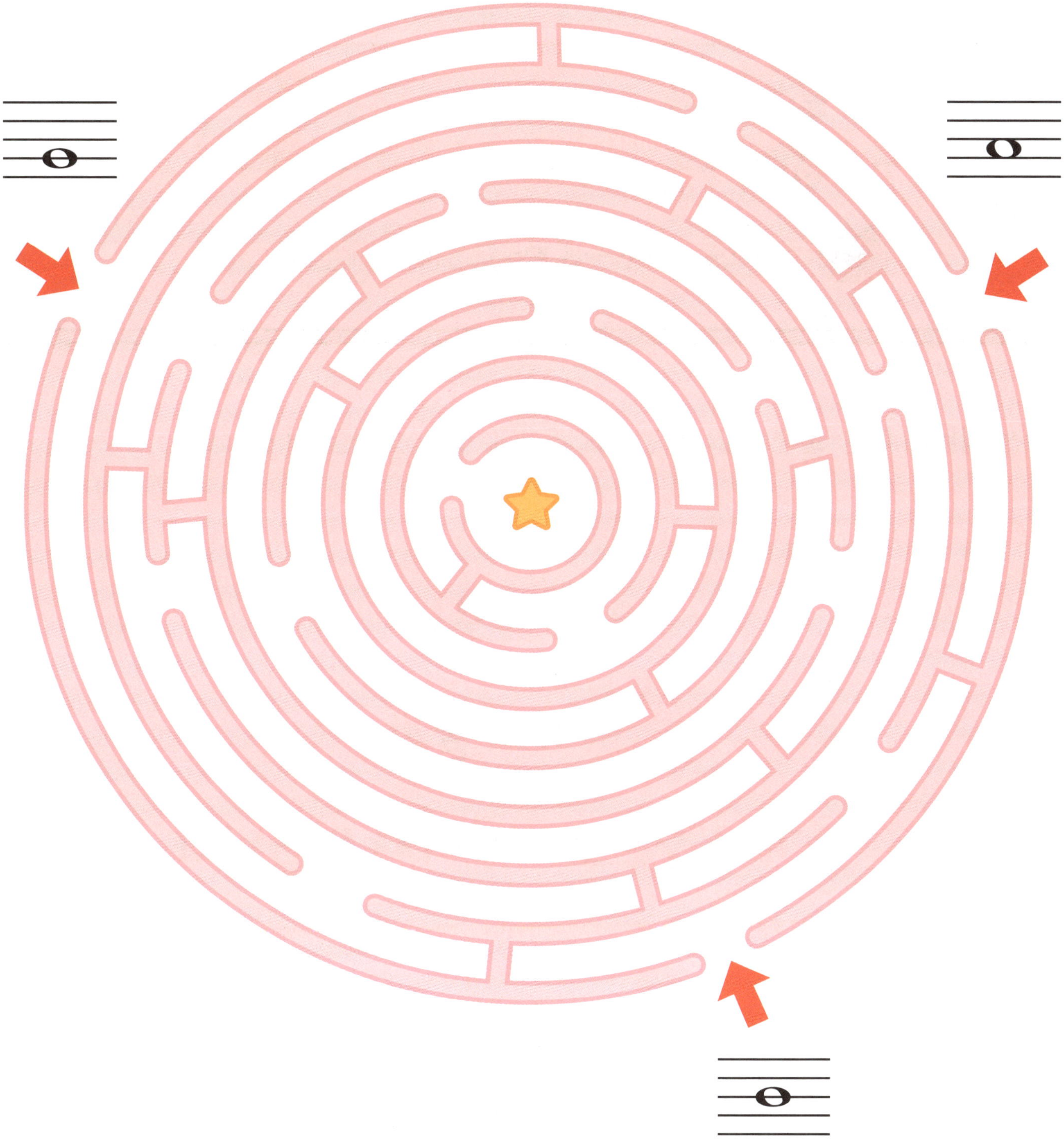

줄과 칸에는 각각의 이름이 있고, 아래부터 위의 순서대로 이름을 붙여줍니다.

오선 악보에 대한 설명을 읽고, 빈칸에 들어갈 말을 숫자로 써 보세요.

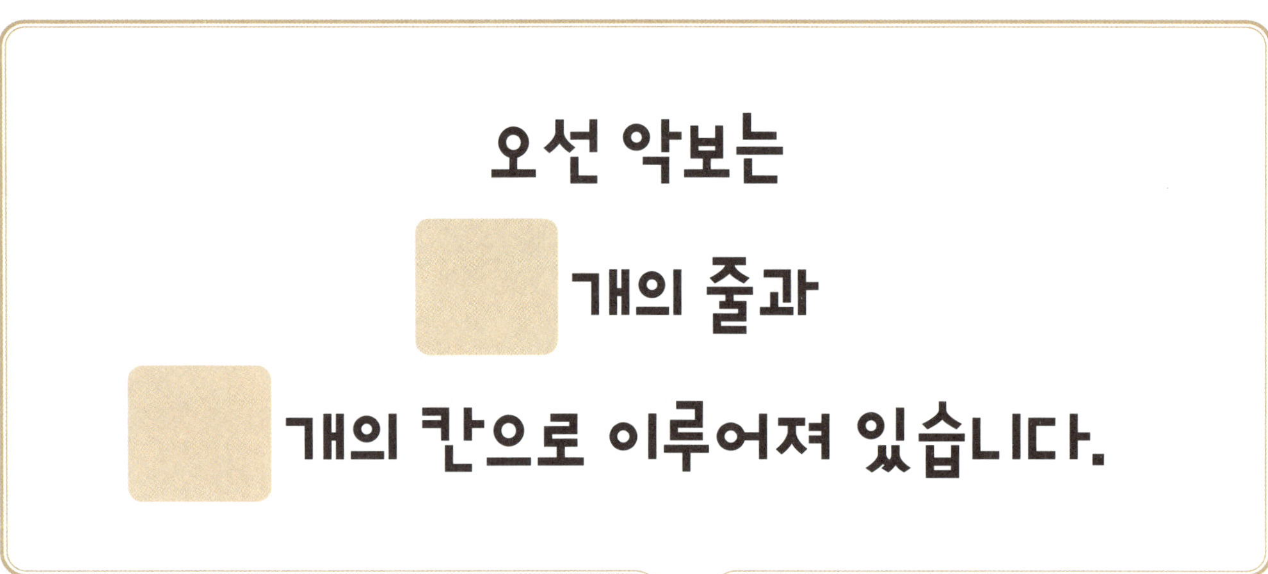

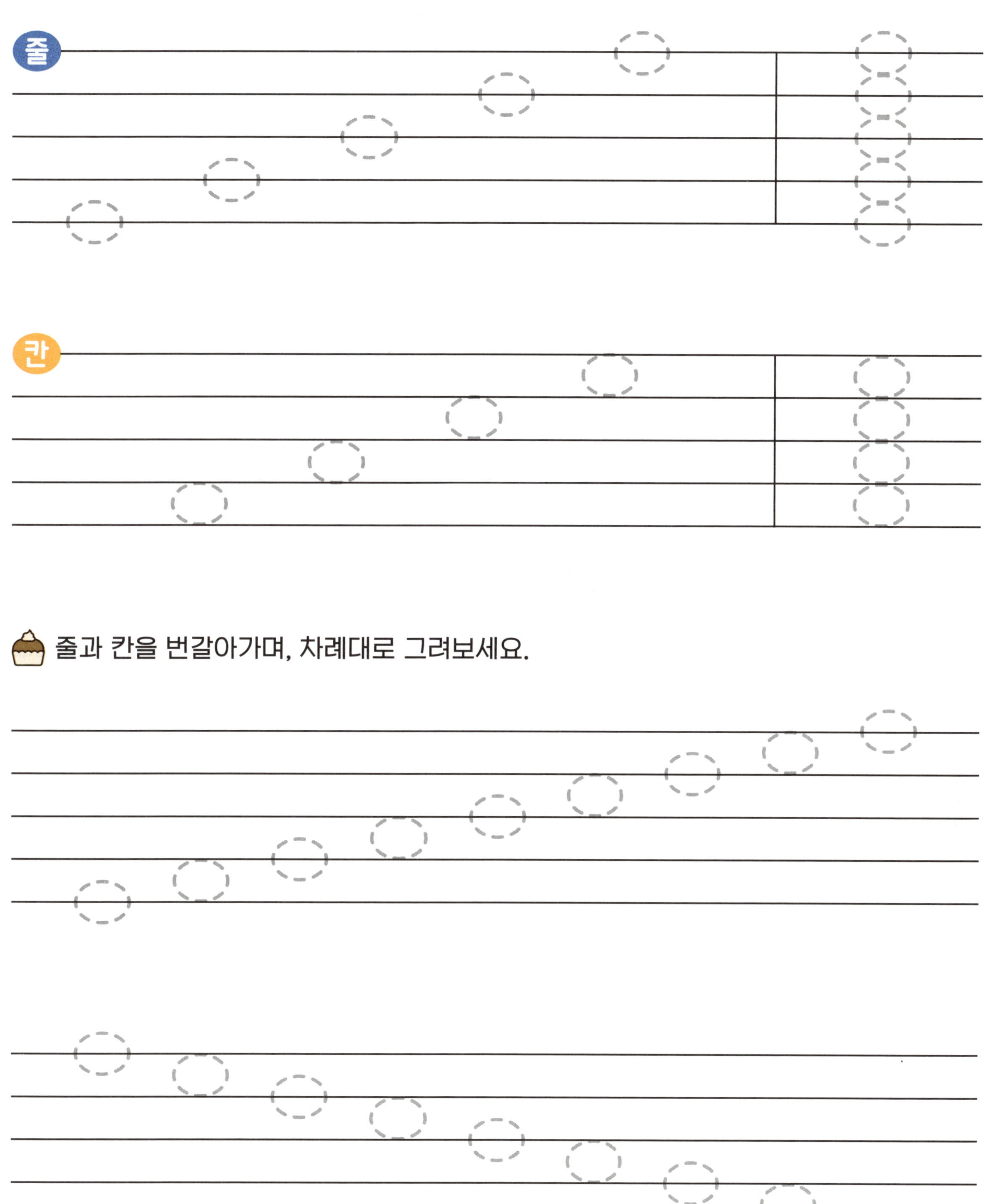

줄과 칸에 음표를 차례대로 그려보세요.

줄

칸

줄과 칸을 번갈아가며, 차례대로 그려보세요.

🧁 빈칸에 줄의 이름을 써 보세요.

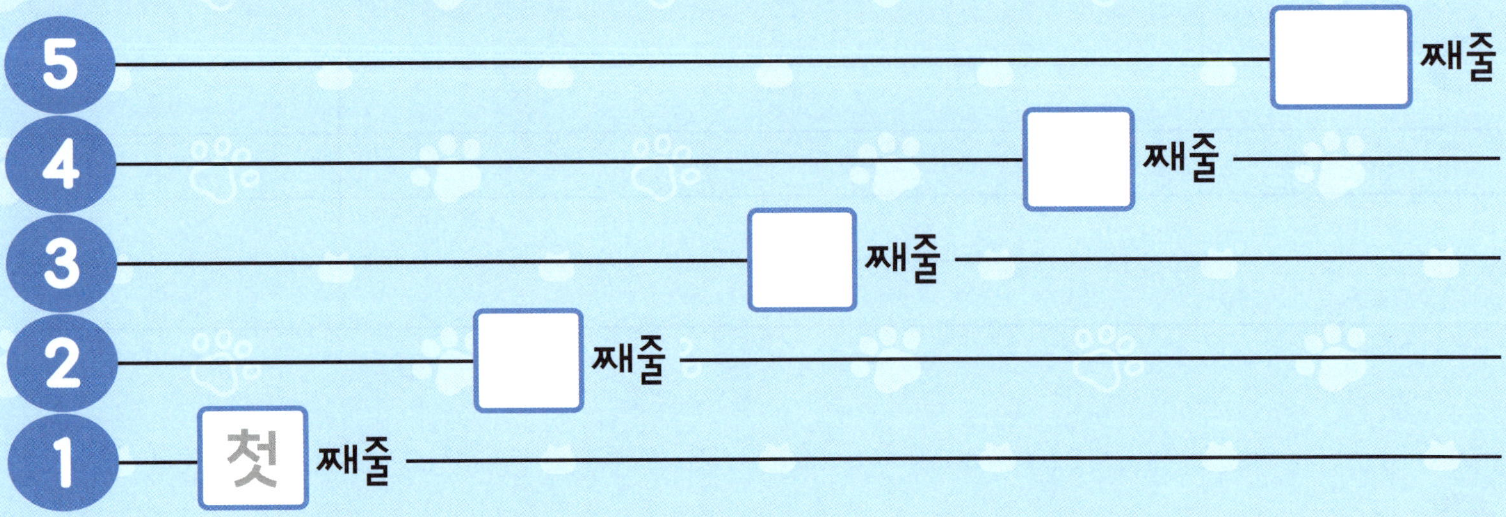

5 ━━━━━━━━━━━━━━━━━━━━━━━━━━━━ [ ] 째줄

4 ━━━━━━━━━━━━━━━━━━ [ ] 째줄 ━━━━━━

3 ━━━━━━━━━━━━ [ ] 째줄 ━━━━━━━━━━━

2 ━━━━━━ [ ] 째줄 ━━━━━━━━━━━━━━━━

1 ━━ 첫 째줄 ━━━━━━━━━━━━━━━━━━━━━

🧁 주어진 줄의 이름을 읽고, 알맞은 위치에 음표를 그려보세요.

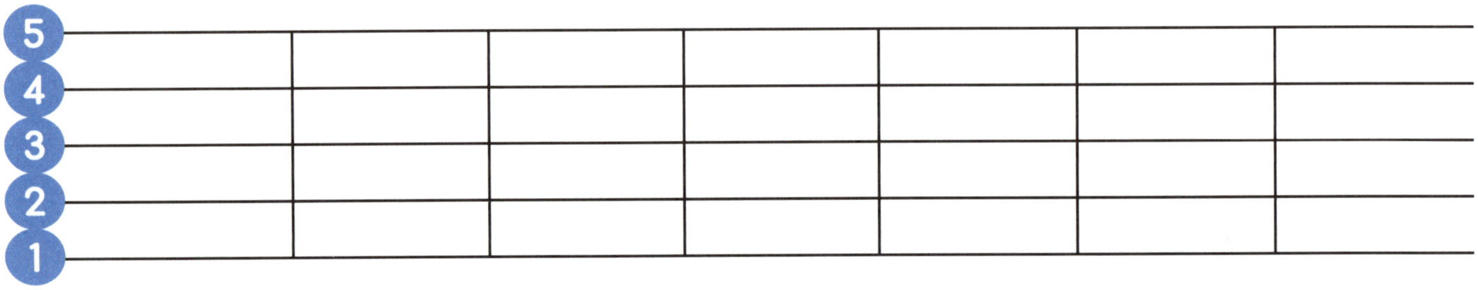

| 첫째줄 | 둘째줄 | 셋째줄 | 넷째줄 | 다섯째줄 | 둘째줄 | 넷째줄 |

🧁 주어진 줄의 이름과 알맞은 음표의 위치를 연결해 보세요.

셋째줄   넷째줄   첫째줄   다섯째줄

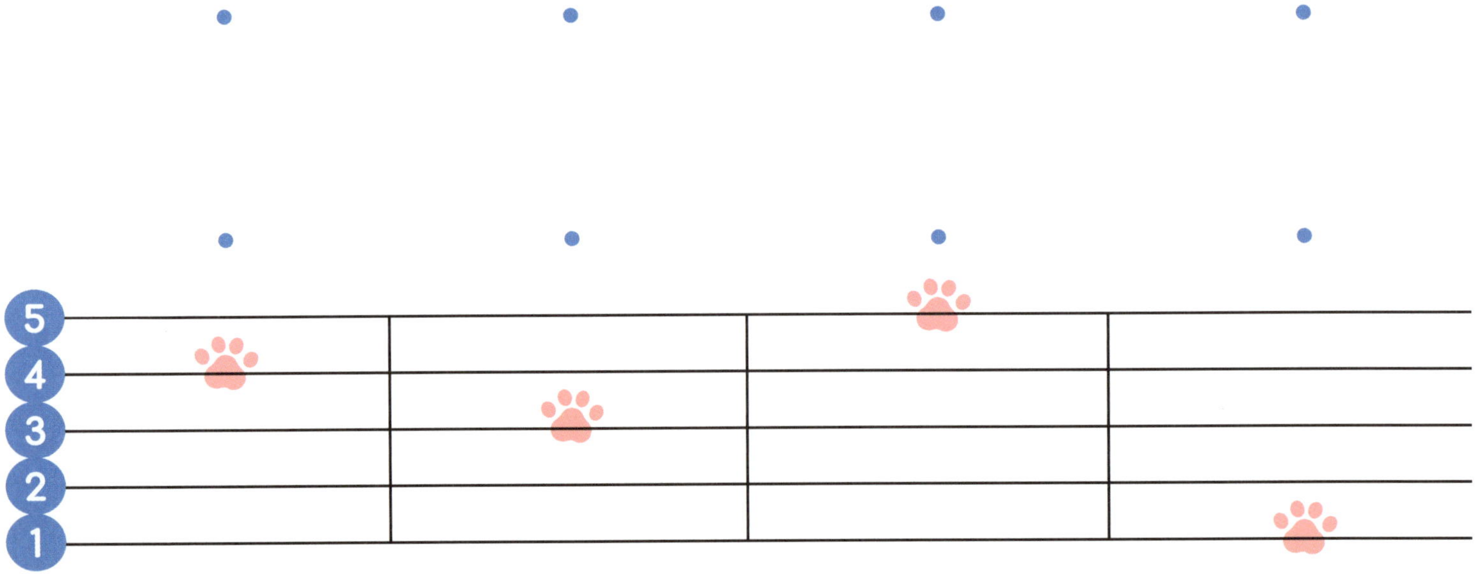

🧁 빈칸에 칸의 이름을 써 보세요.

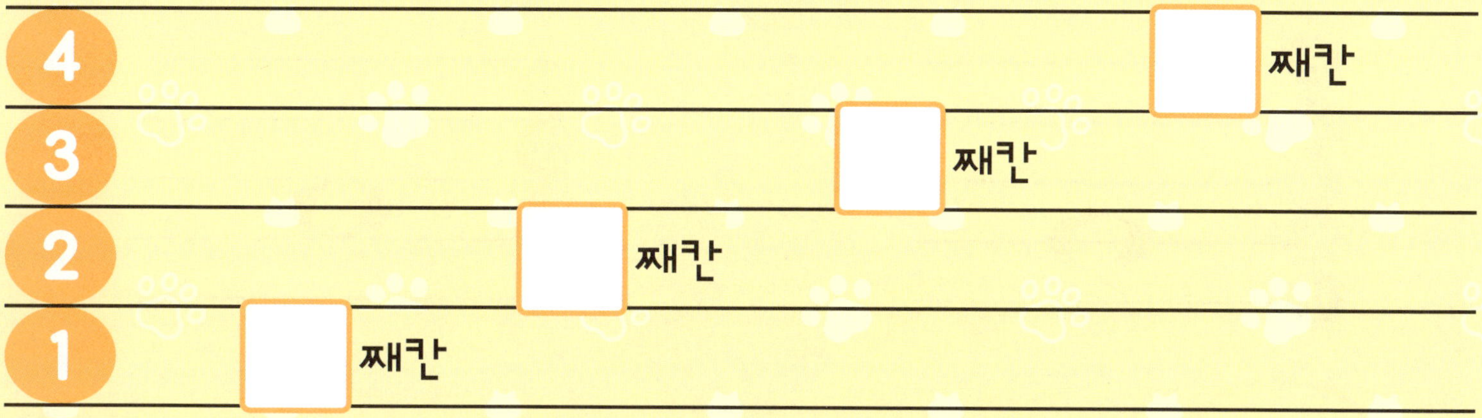

째칸

째칸

째칸

째칸

🧁 주어진 칸의 이름을 읽고, 알맞은 위치에 음표를 그려보세요.

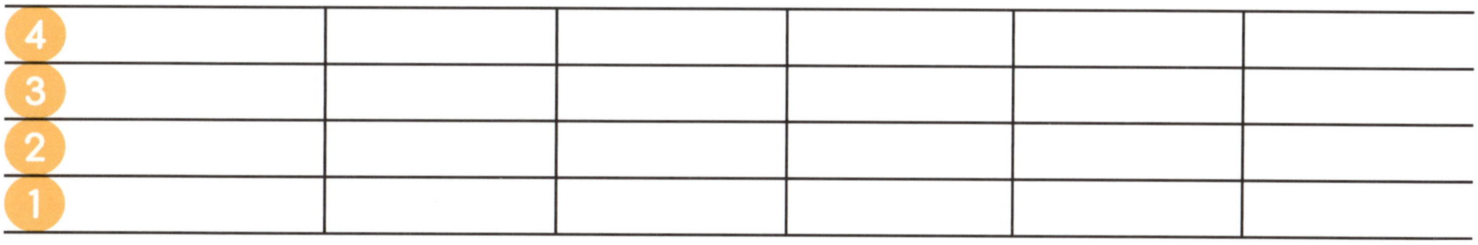

첫째칸　　　둘째칸　　　셋째칸　　　넷째칸　　　첫째칸　　　넷째칸

🧁 주어진 칸의 이름과 알맞은 음표의 위치를 연결해 보세요.

셋째칸　　　넷째칸　　　첫째칸　　　둘째칸

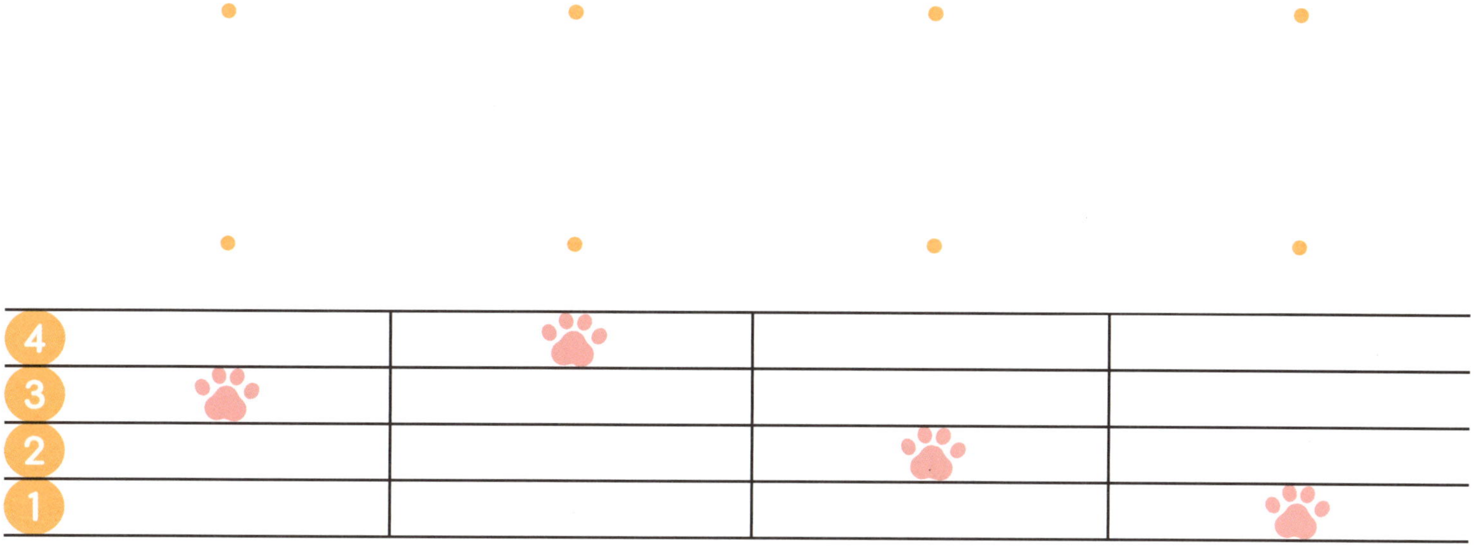

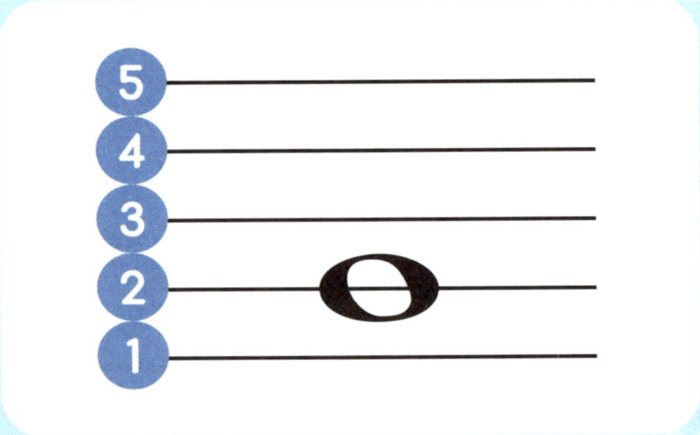

둘째줄 | 둘째칸

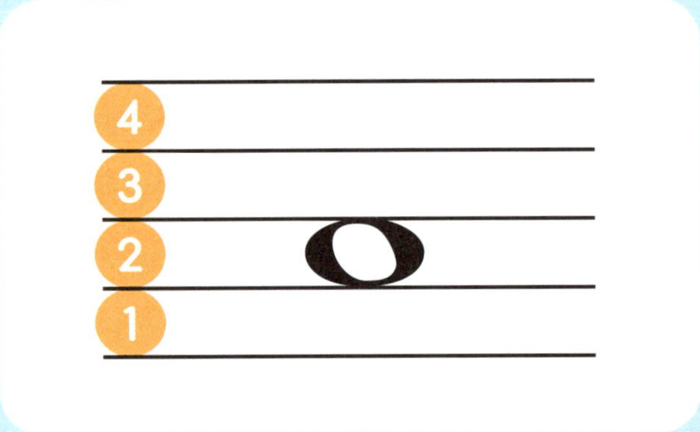

둘째줄 | 둘째칸

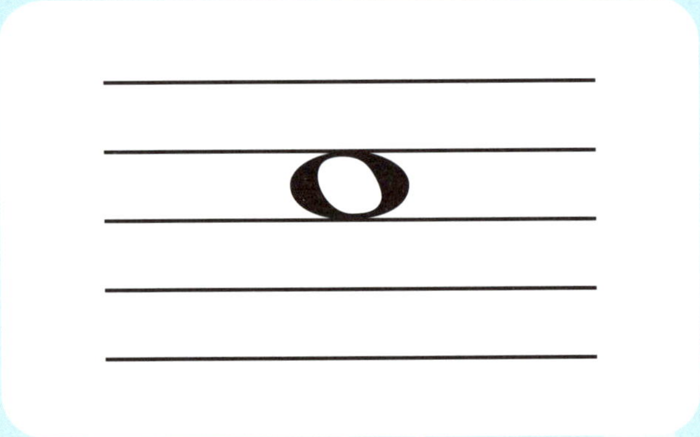

셋째칸 | 첫째칸

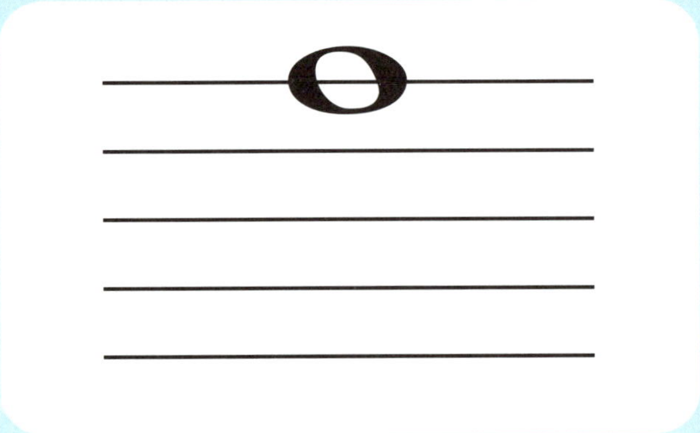

다섯째줄 | 넷째칸

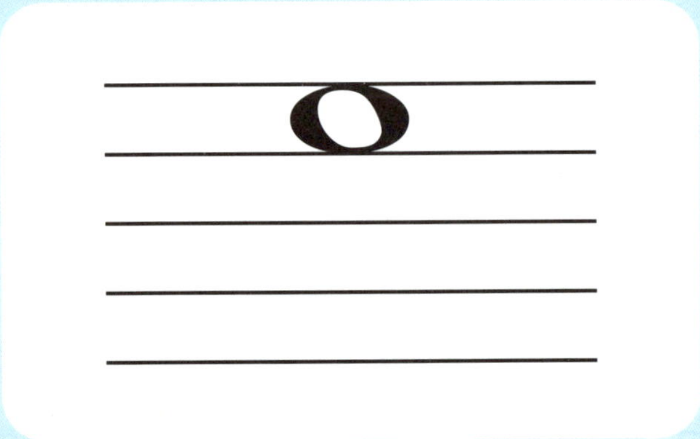

넷째칸 | 넷째줄

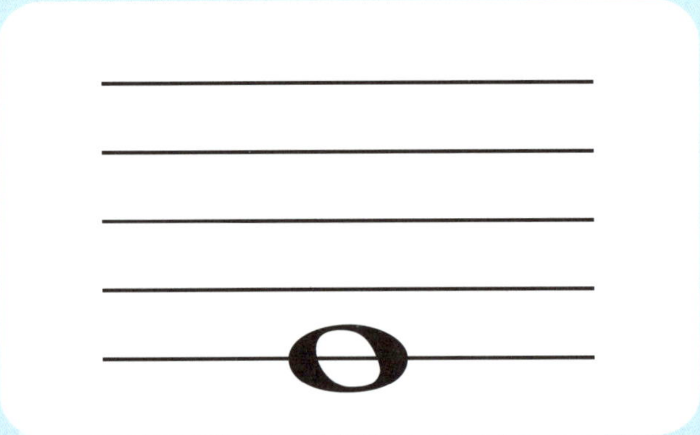

첫째줄 | 넷째줄

줄과 칸의 이름을 틀리게 말하고 있는 고양이를 모두 찾아 ◯표시해 보세요.

Diet
I ♥ music
넷째줄
넷째칸
넷째칸
첫째칸
첫째칸

높은음자리표는

오선의 높은 음을 나타낼 때 사용해요.

바이올린이 소리내는 음역은

높은음자리표에 속해요.

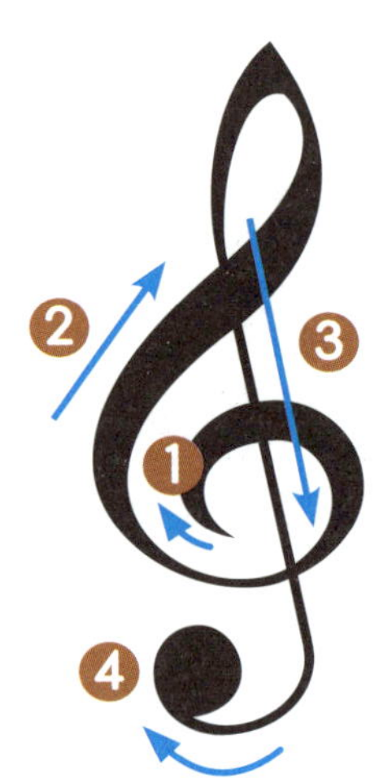

 높은음자리표가 익숙해질 수 있도록 여러 번 따라 그려보세요.

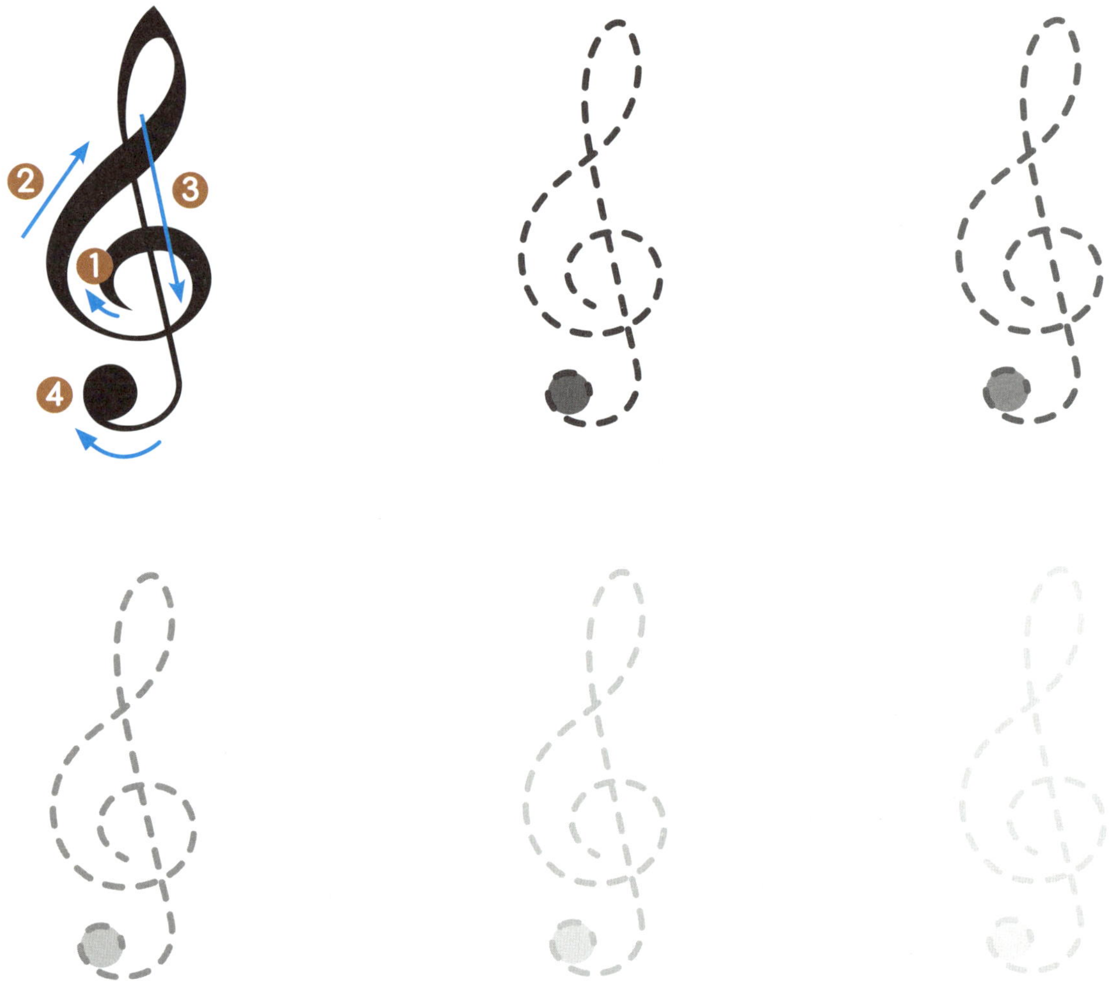

 **1**번부터 숫자를 따라 점을 이어보세요.

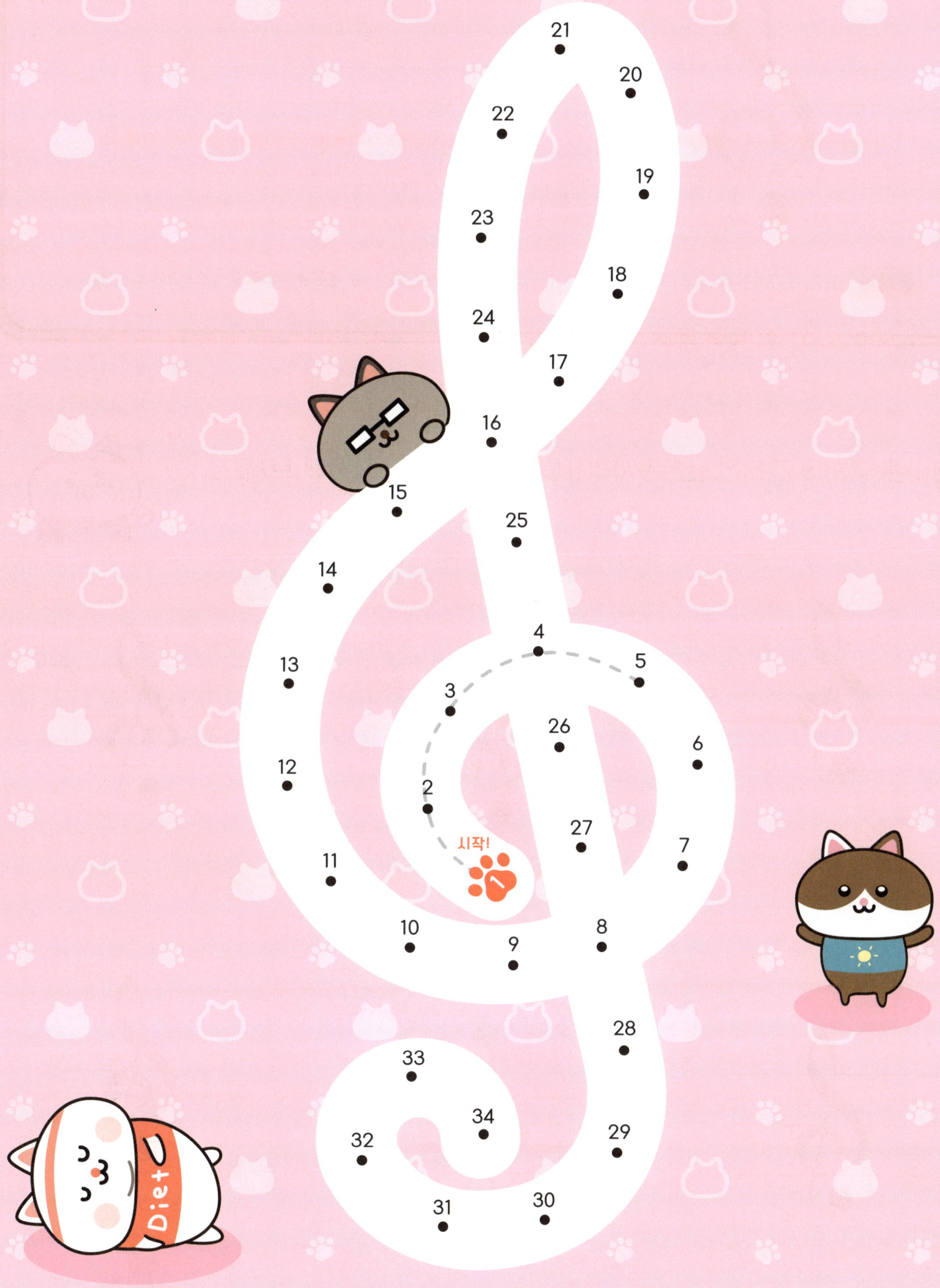

올바른 위치에 그려진 높은음자리표를 모두 찾아 ◯표시해 보세요.

그림자를 보고 고양이 스티커를 붙여보세요.

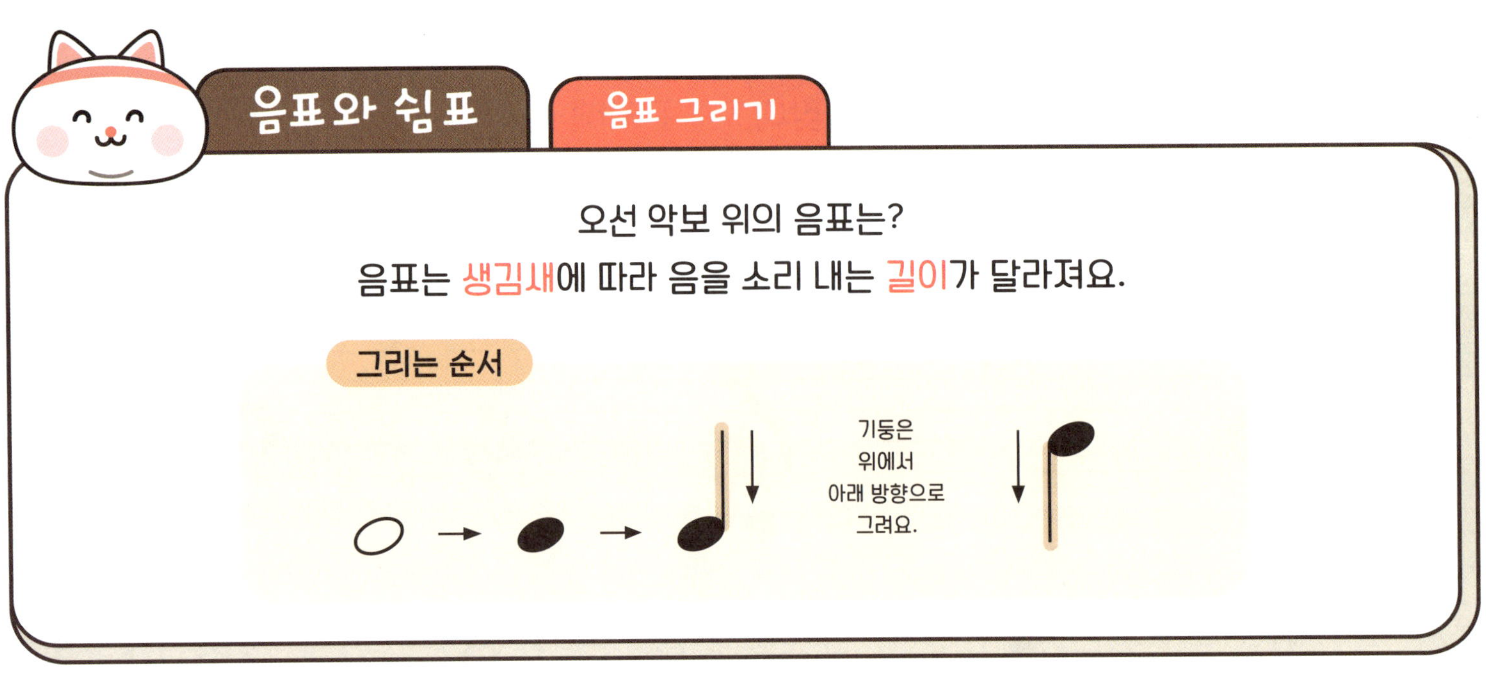

🧁 음표에 대한 설명을 읽고, 문장을 완성해 보세요.

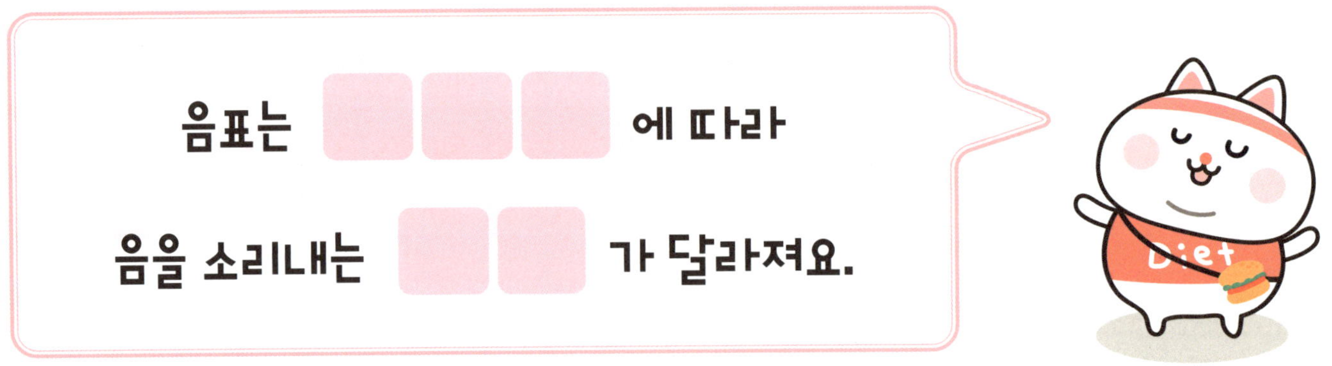

🧁 음표를 순서대로 따라 그려보세요.

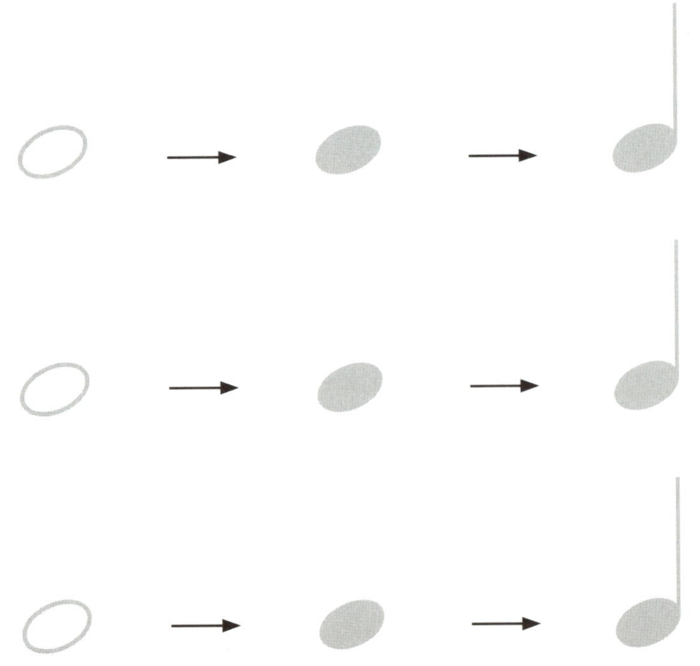

🧁 음표 기둥에 대한 설명을 읽고, 문장을 완성해 보세요.

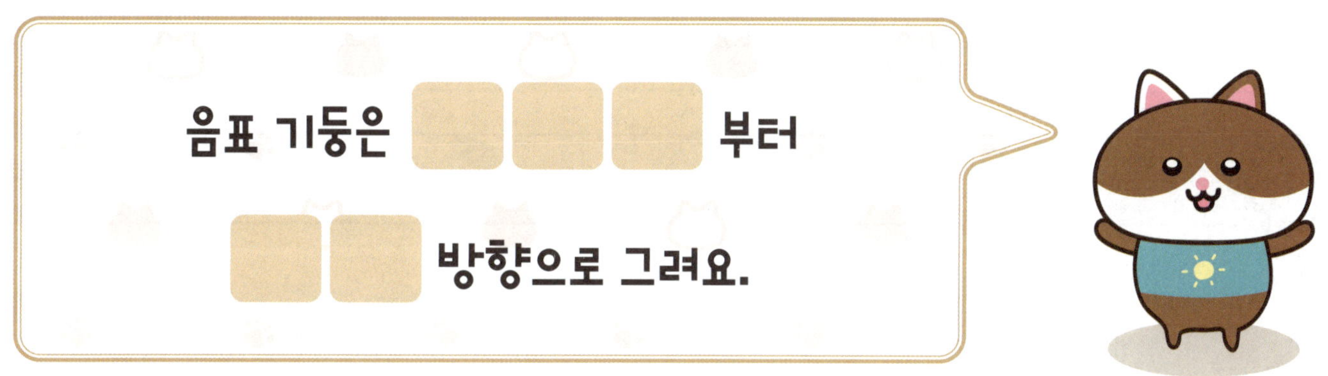

🧁 음표의 기둥 방향을 생각하며 따라 그려보세요.

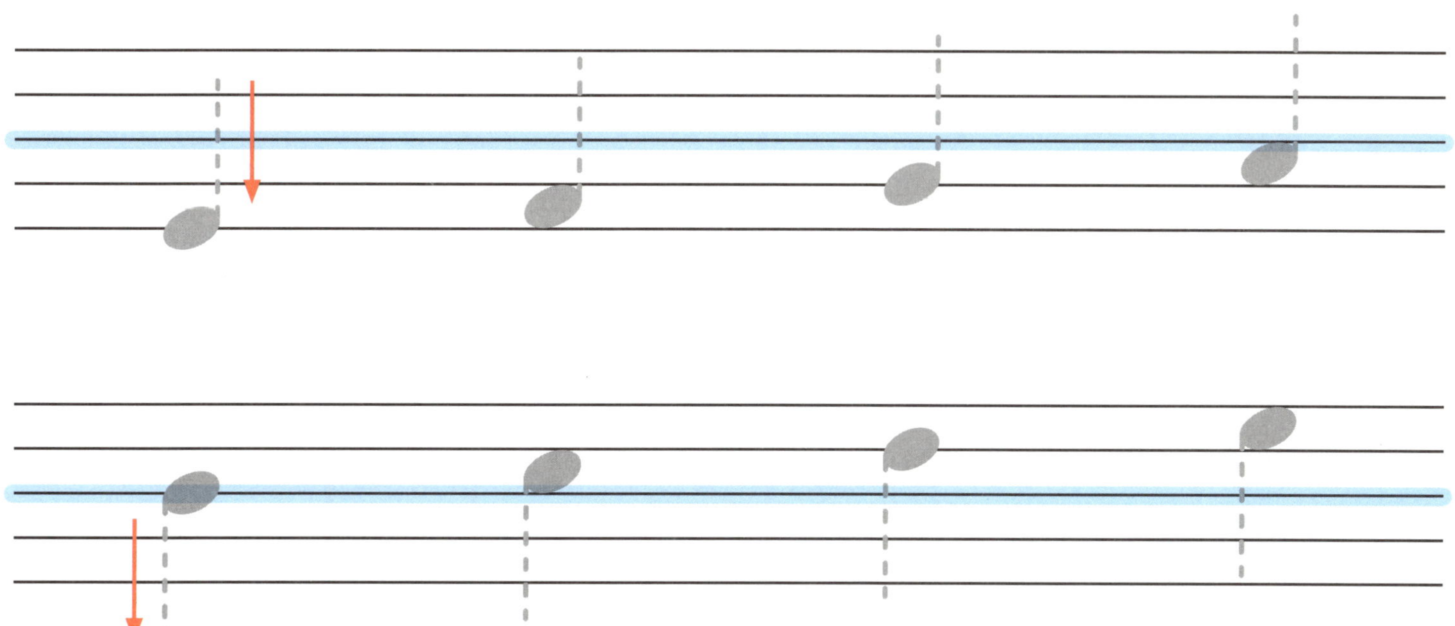

4분음표

박의 수	1박
리듬치기	V
리듬읽기	딴

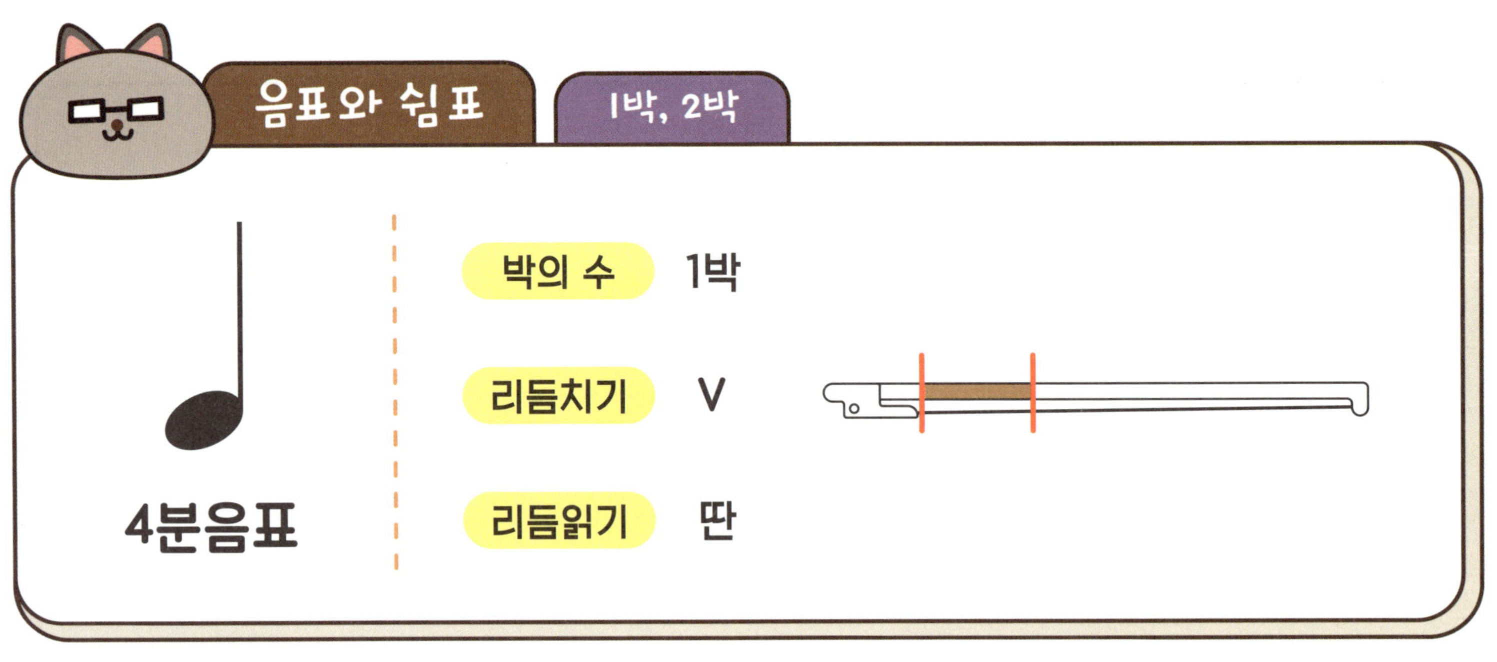

4분음표를 따라 그려보세요.

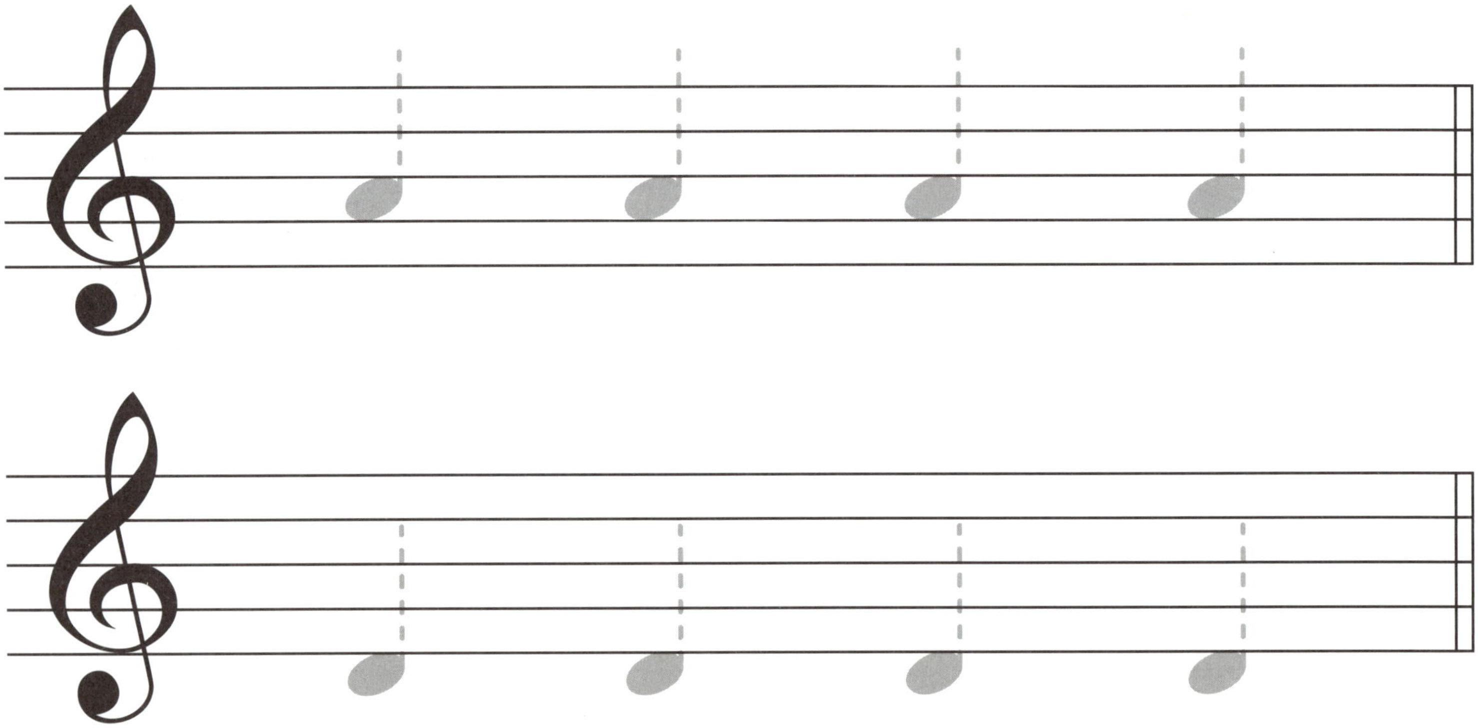

4분음표가 소리내는 박의 수만큼 활대를 색칠해 보세요.

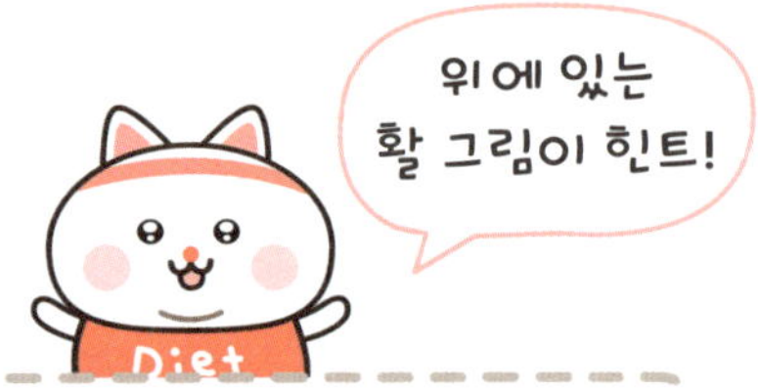

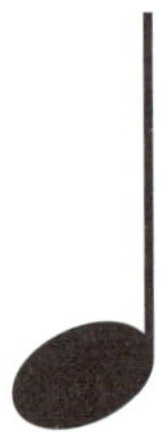

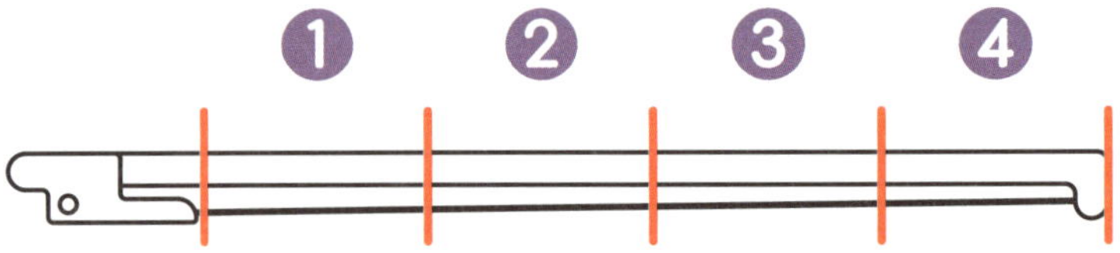

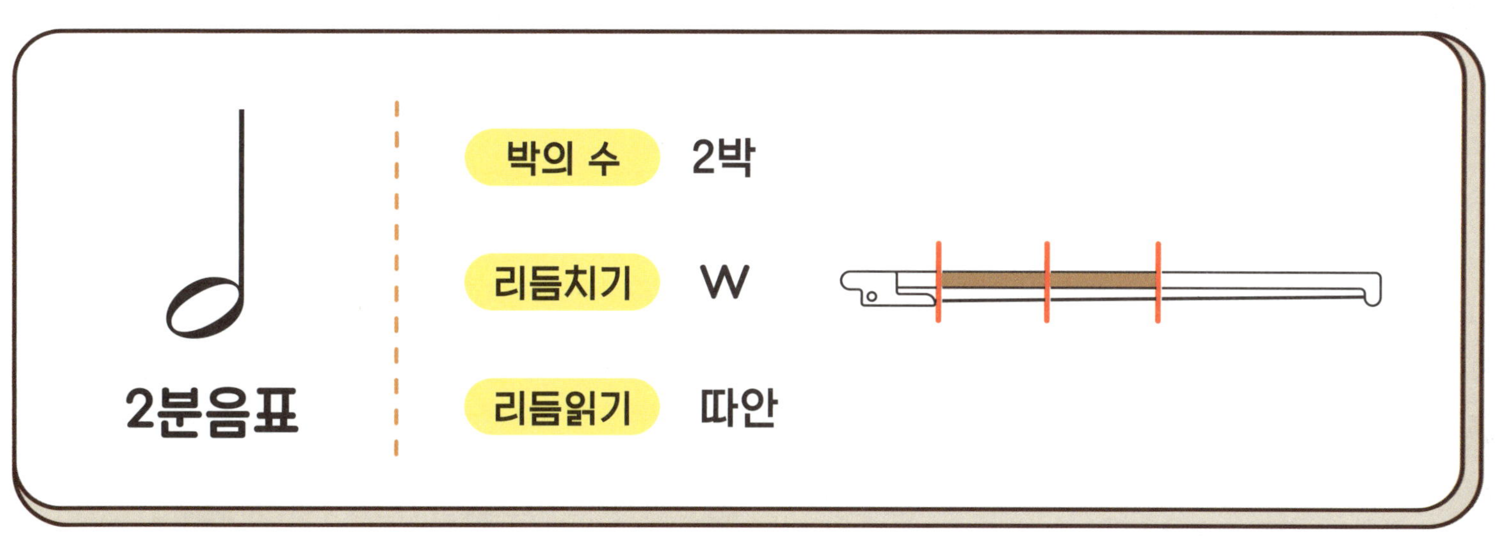

🧁 2분음표를 따라 그려보세요.

🧁 2분음표가 소리내는 박의 수만큼 활대를 색칠해 보세요.

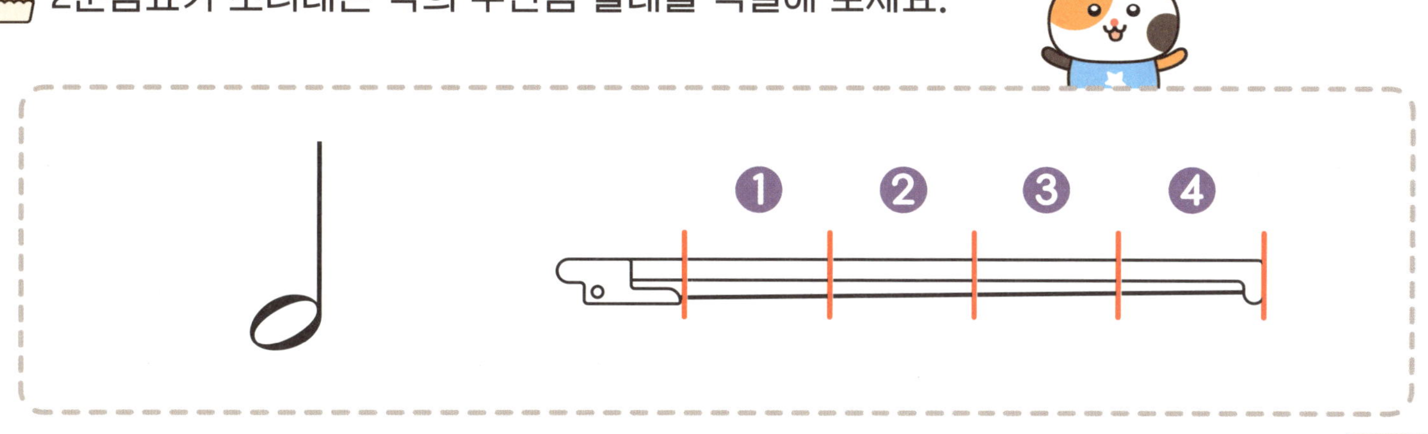

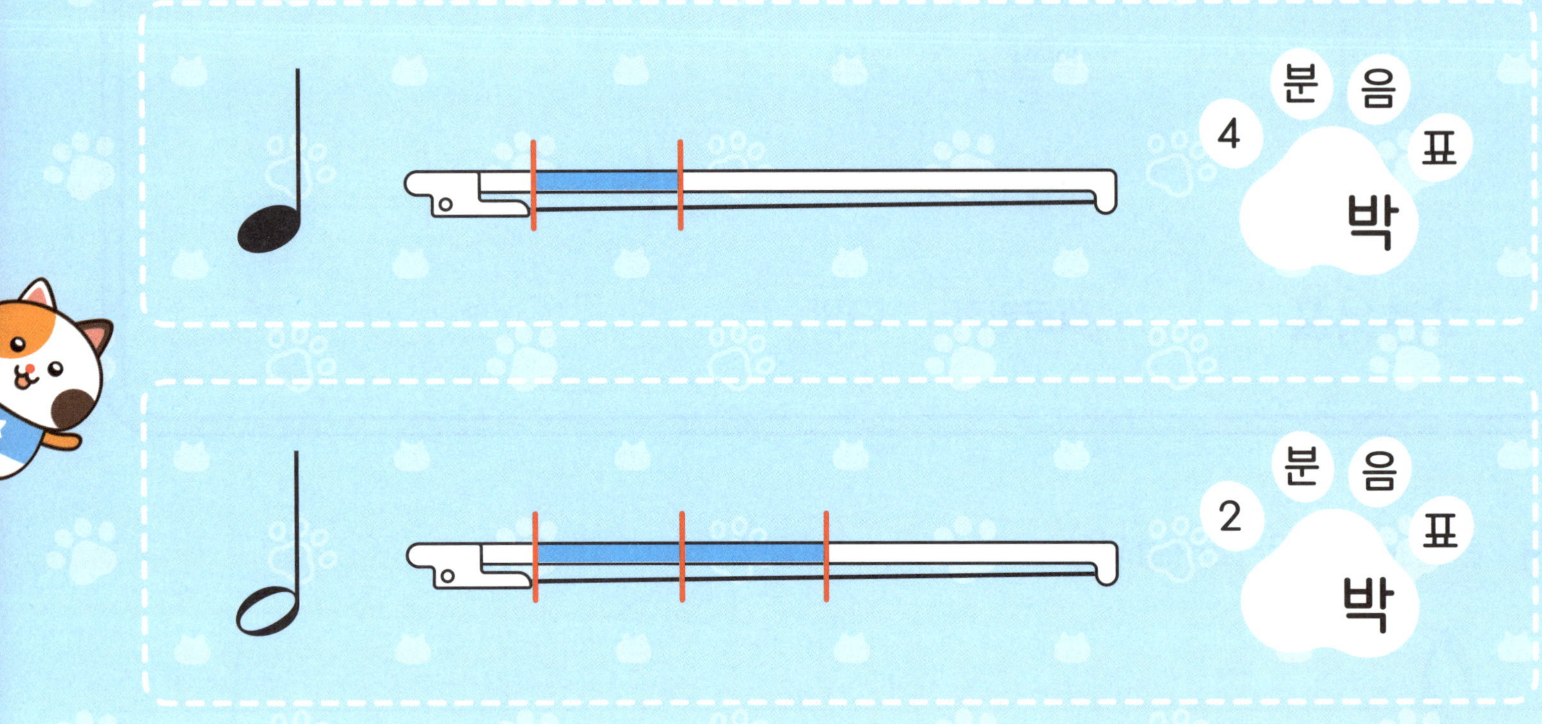

고양이가 설명하고 있는 음표를 빈 노트에 그려보세요.

이 음표의 리듬읽기는 '따안'이고,
두 박의 길이 동안 소리내요.

이 음표의 리듬읽기는 '딴'이고,
한 박의 길이 동안 소리내요.

🧁 4분음표를 나타내는 것들을 모두 찾아 ⭕ 표시해 보세요.

🧁 2분음표를 나타내는 것들을 모두 찾아 ⭕ 표시해 보세요.

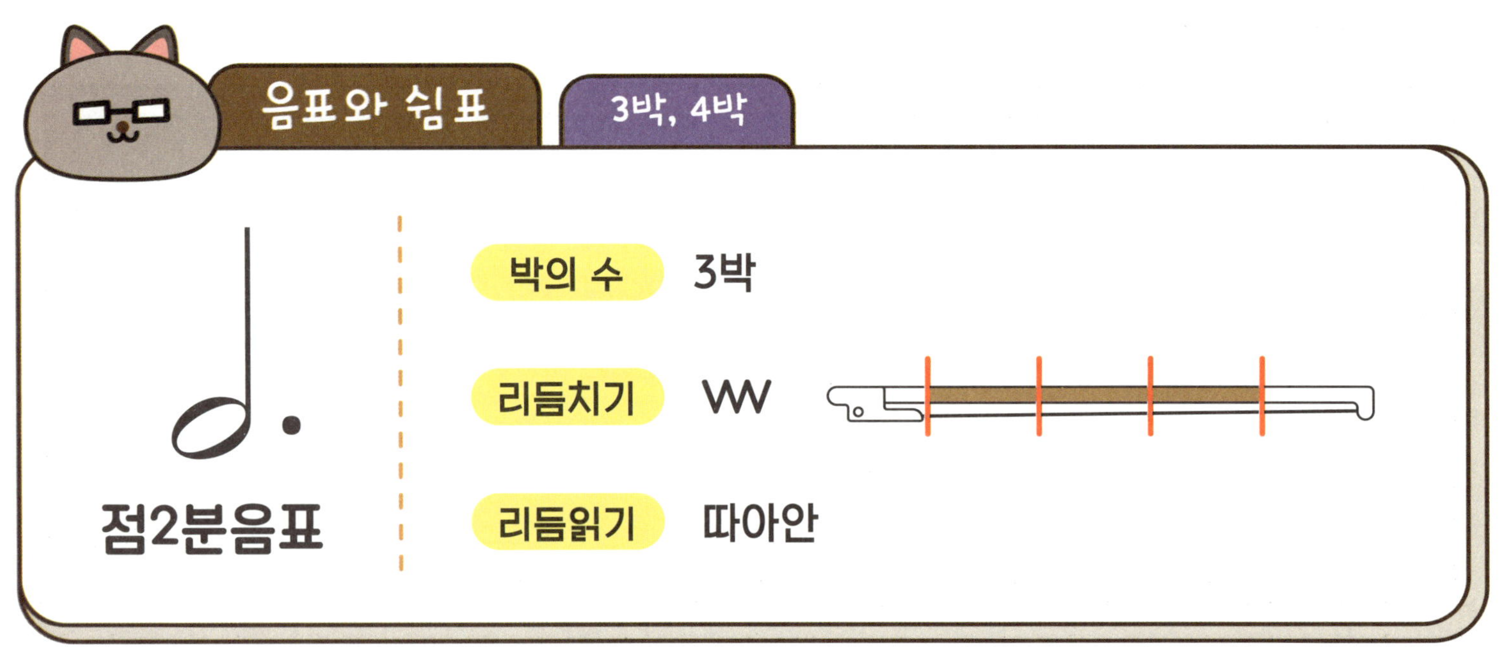

🧁 점2분음표를 따라 그려보세요.

🧁 점2분음표가 소리내는 박의 수만큼 활대를 색칠해 보세요.

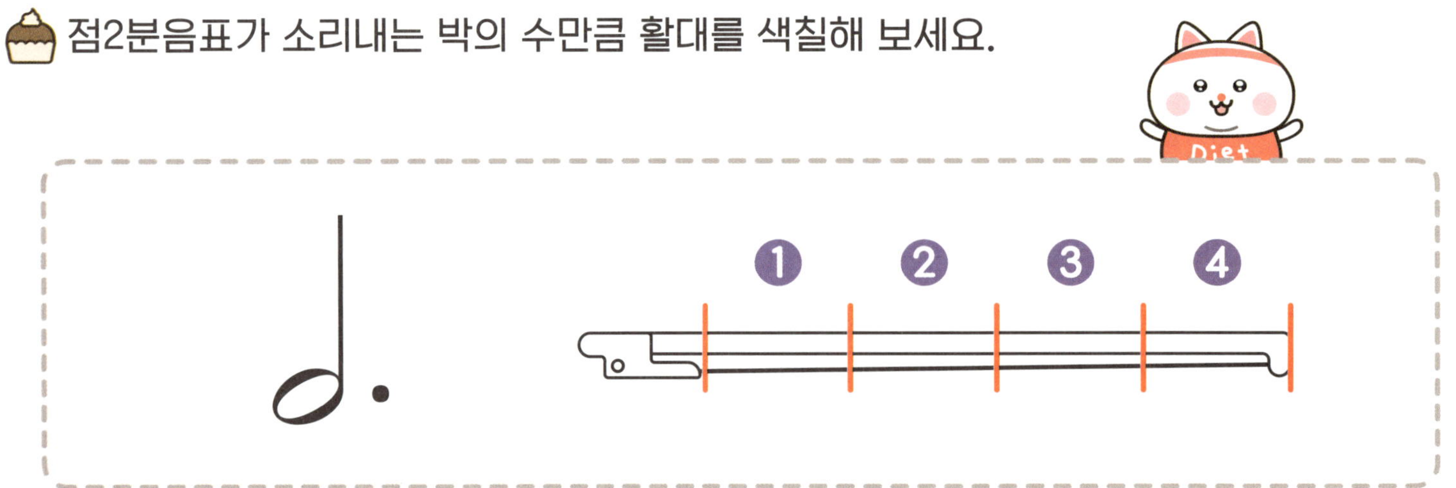

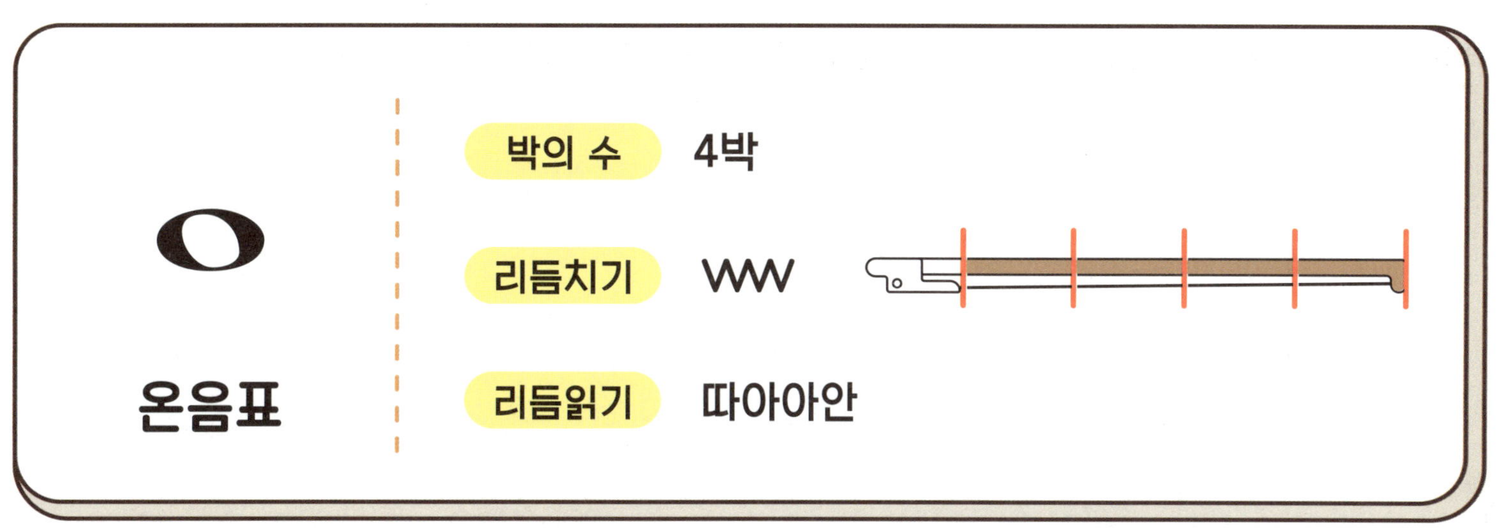

🧁 온음표를 따라 그려보세요.

🧁 온음표가 소리내는 박의 수만큼 활대를 색칠해 보세요.

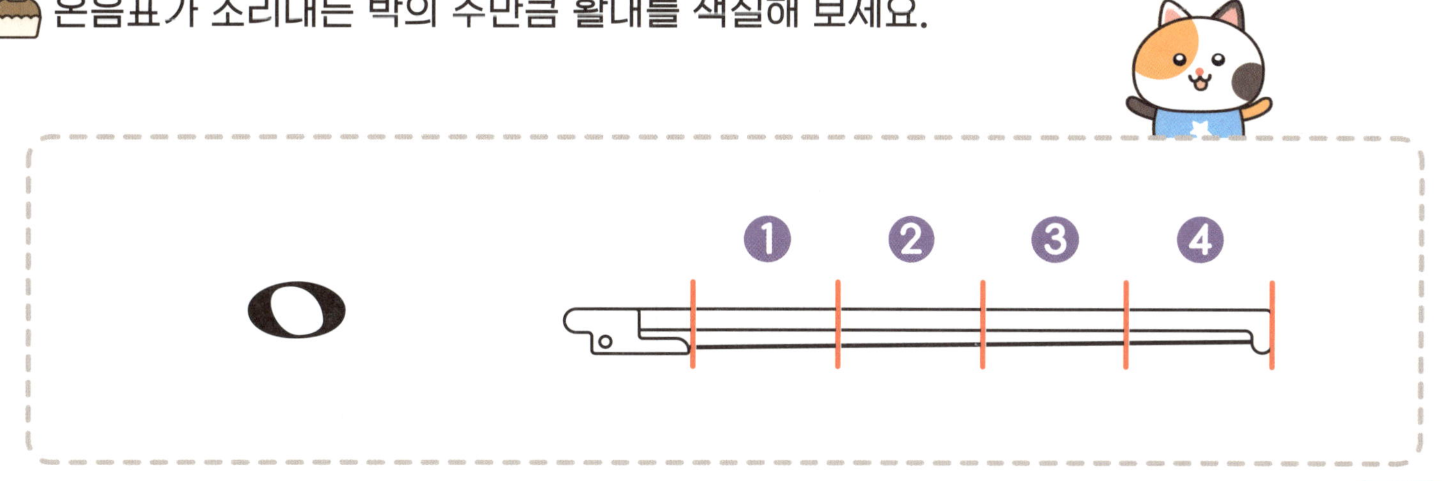

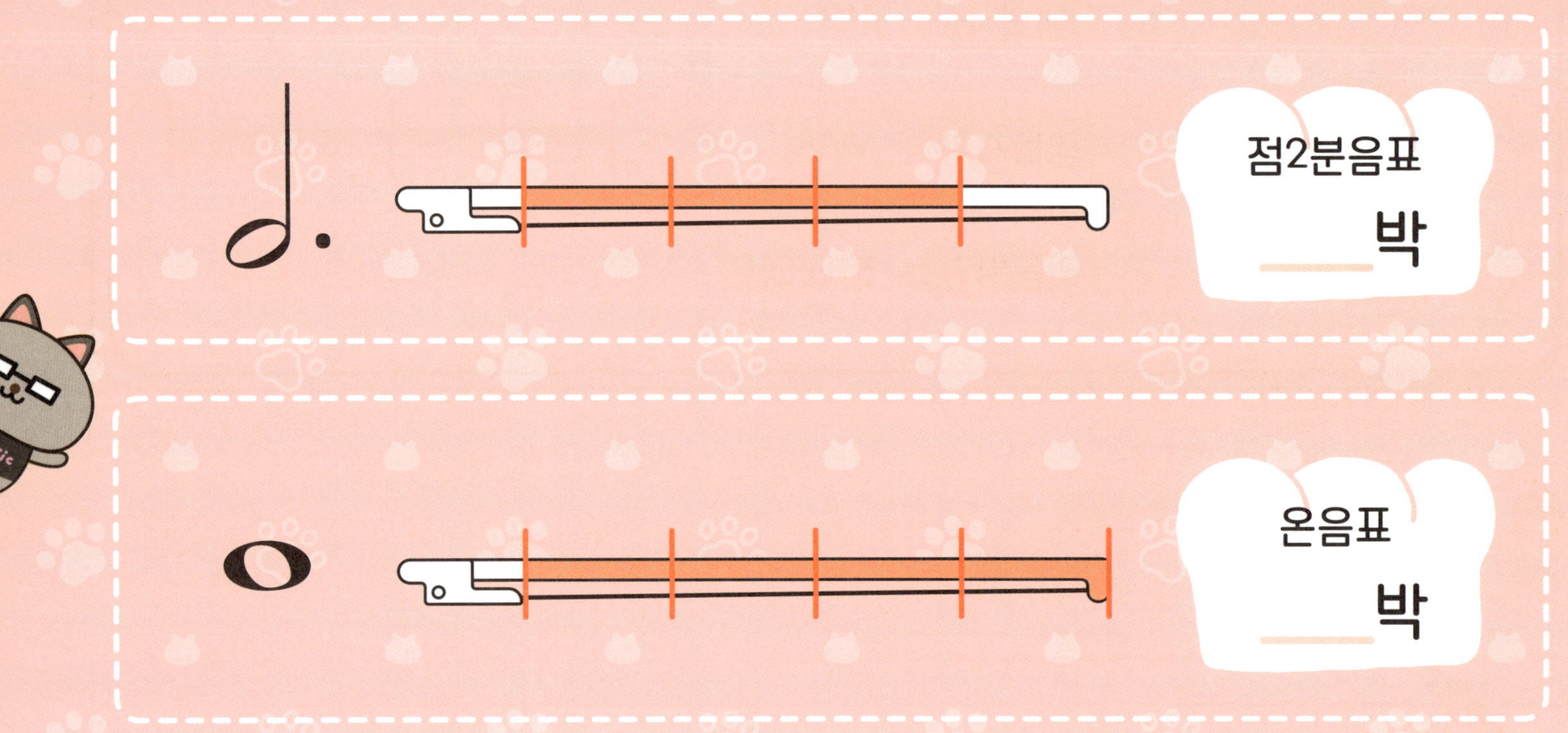

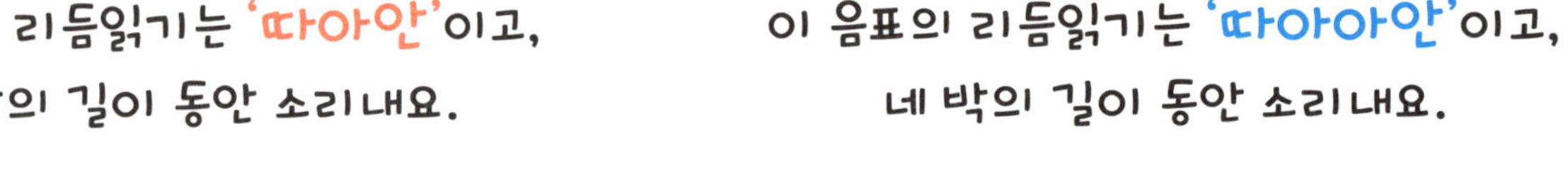

이 음표의 리듬읽기는 '따아안'이고, 세 박의 길이 동안 소리내요.

이 음표의 리듬읽기는 '따아아안'이고, 네 박의 길이 동안 소리내요.

점2분음표를 나타내는 것들을 모두 찾아 ◯ 표시해 보세요.

온음표를 나타내는 것들을 모두 찾아 ◯ 표시해 보세요.

 박스의 빈칸에 알맞은 음표를 그려보세요.

4분음표	♩
2분음표	♪
점2분음표	♩.
온음표	o

1박	
2박	
3박	
4박	

딴	
따안	
따아안	
따아아안	

음표 트리에 그려진 4분음표(1박)를 모두 더하면 몇 박이 되는지 빈칸에 숫자로 써 보세요.

 음표가 소리내는 박의 수로 덧셈을 하여 빈칸에 숫자로 써 보세요.

♩1	+	♩1	=	**2**박
♩	+	♩	=	박
♩	+	♩.	=	박
♩	+	o	=	박
♪	+	♪	=	박
♪	+	♪.	=	박
♪	+	o	=	박

♩ 1박   ♪ 2박   ♪. 3박   𝅝 4박

 음표가 소리내는 박의 수로 뺄셈을 하여 빈칸에 숫자로 써 보세요.

♩2 − ♪1 = **1** 박

♩. − ♪ = 박

♩. − ♪ = 박

𝅝 − ♩ = 박

𝅝 − ♩ = 박

𝅝 − ♩. = 박

🧁 주어진 줄과 칸의 이름을 보고, 알맞은 위치에 온음표를 그려보세요.

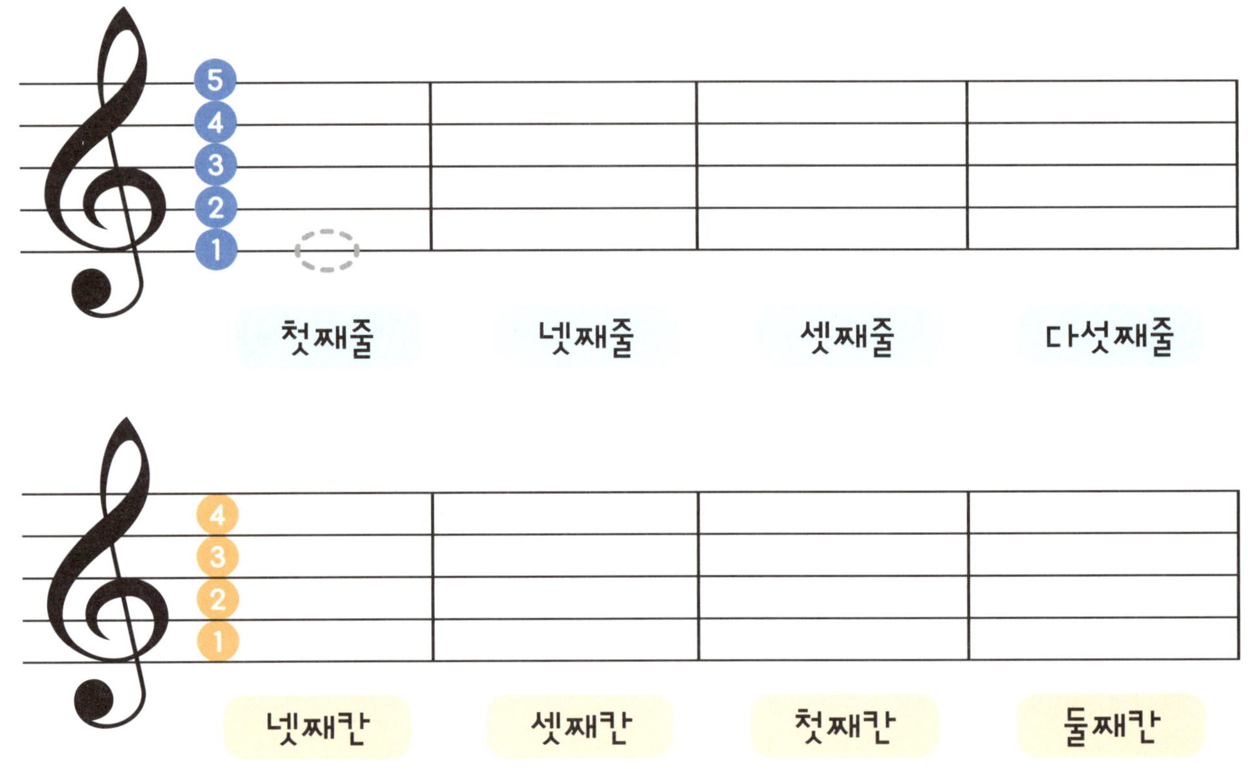

🧁 주어진 문제를 읽고, 알맞은 줄의 번호를 빈칸에 써 보세요.

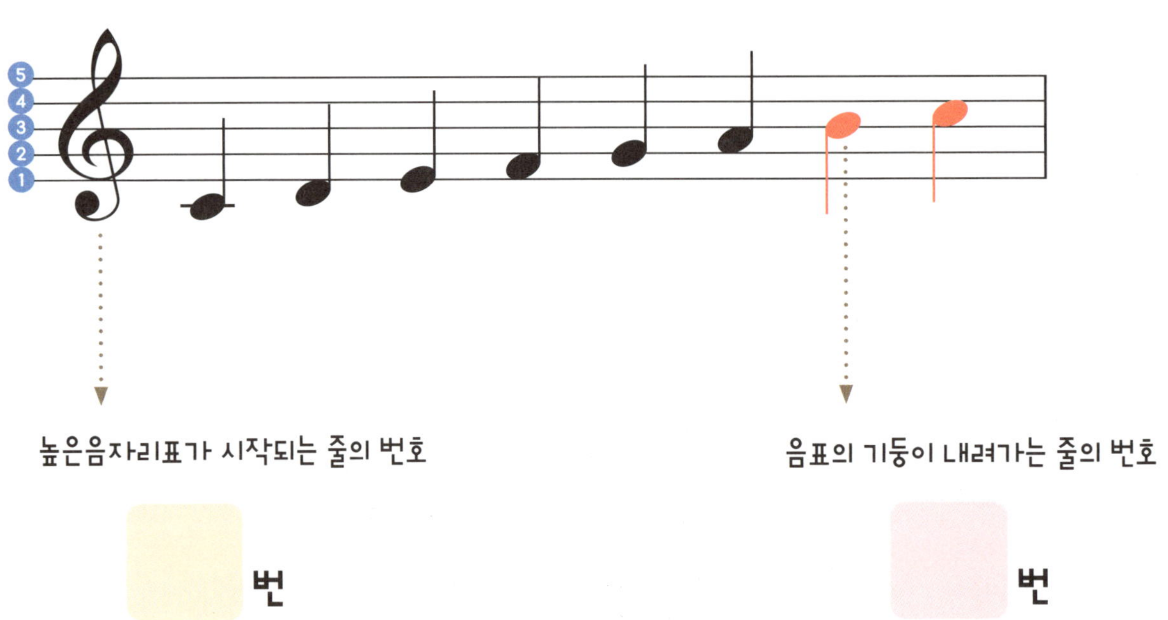

🧁 주어진 음표를 세 번씩 더 그리고, 박의 수만큼 활대를 색칠해 보세요.

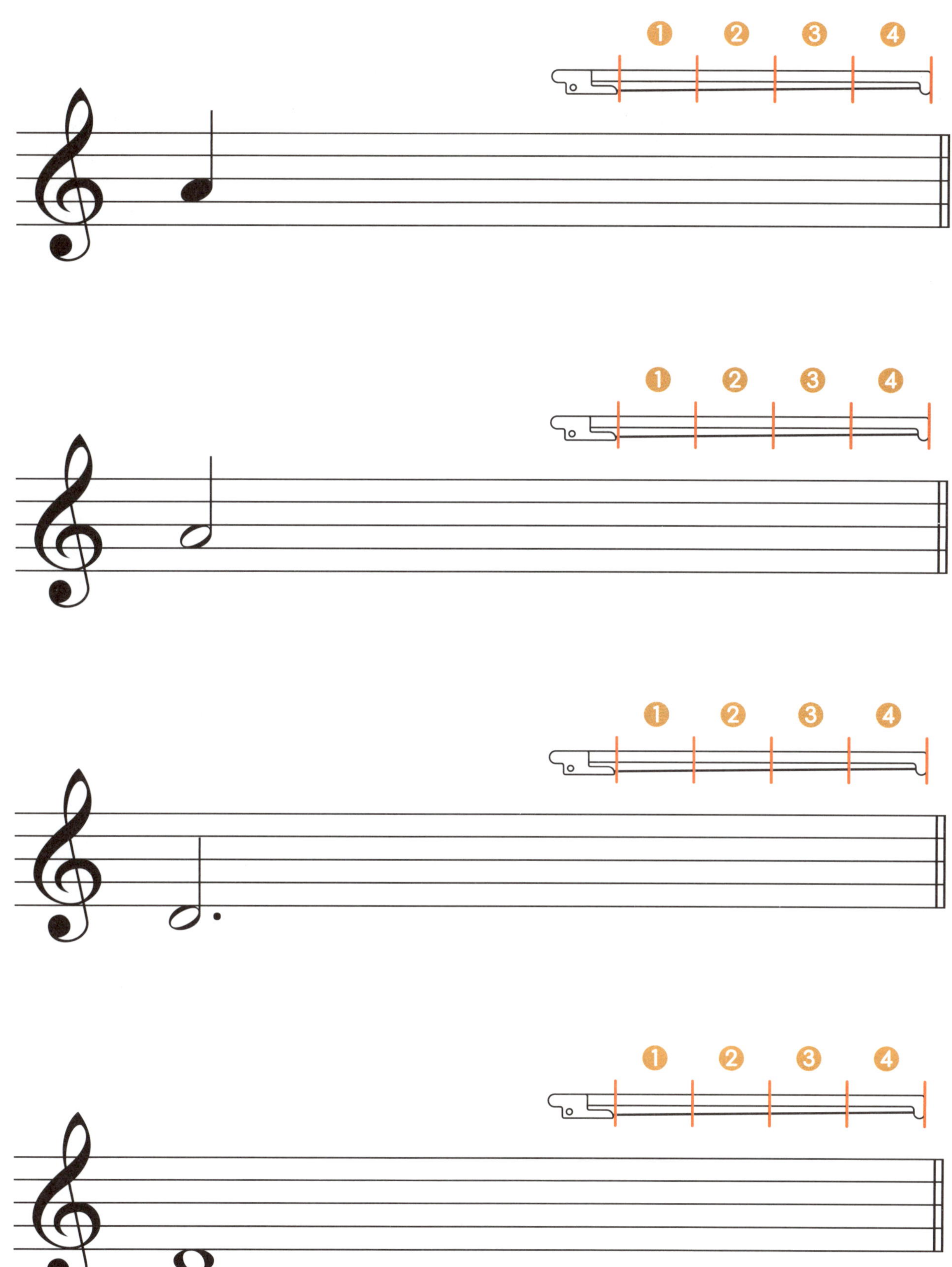

위터 슬라이드를 타고 내려가며 말하는 박의 수를 보고, 빈칸에 알맞은 음표를 그려보세요.

지판과 브릿지의 중간 지점에서
브릿지와 나란한 방향으로 활 긋기

🧁 활을 시작부터 끝까지 브릿지와 나란히 그을 수 있도록 선을 그려보세요.

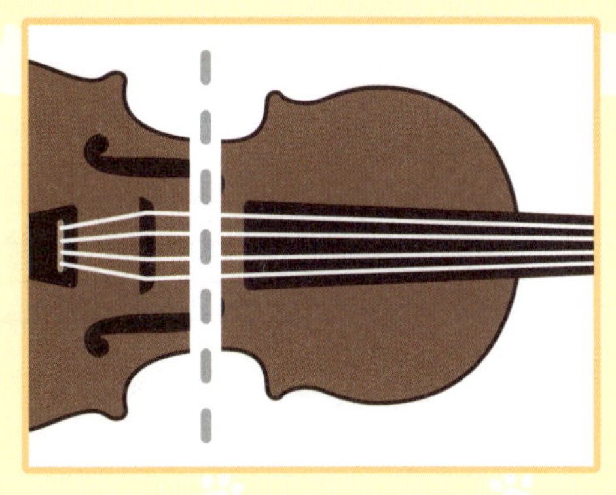

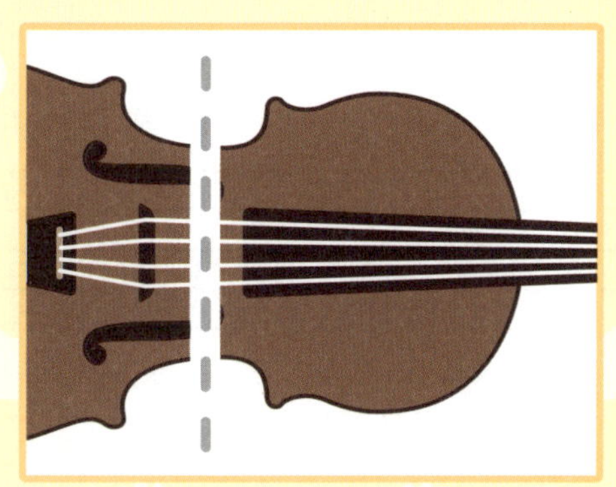

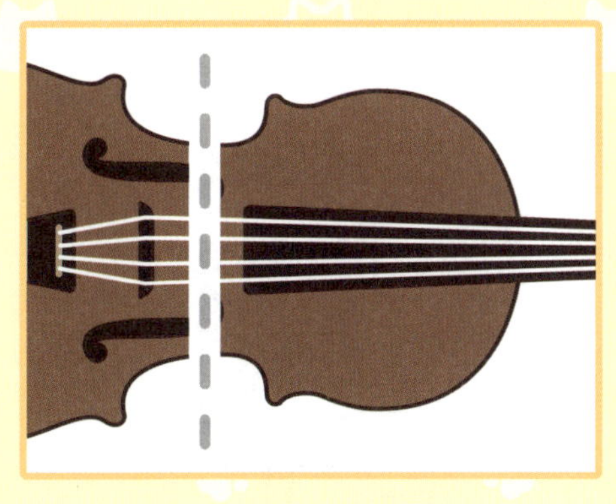

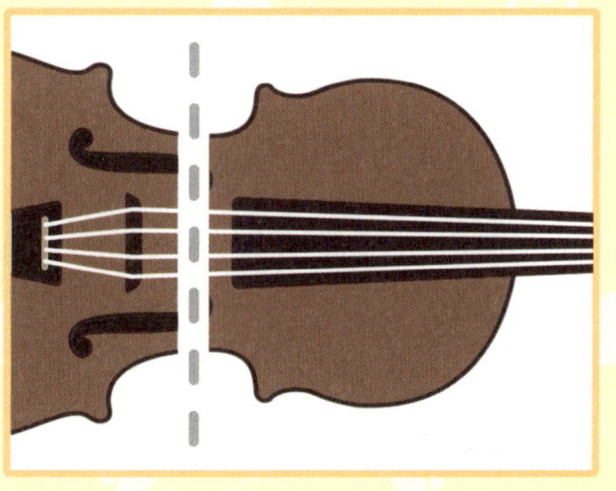

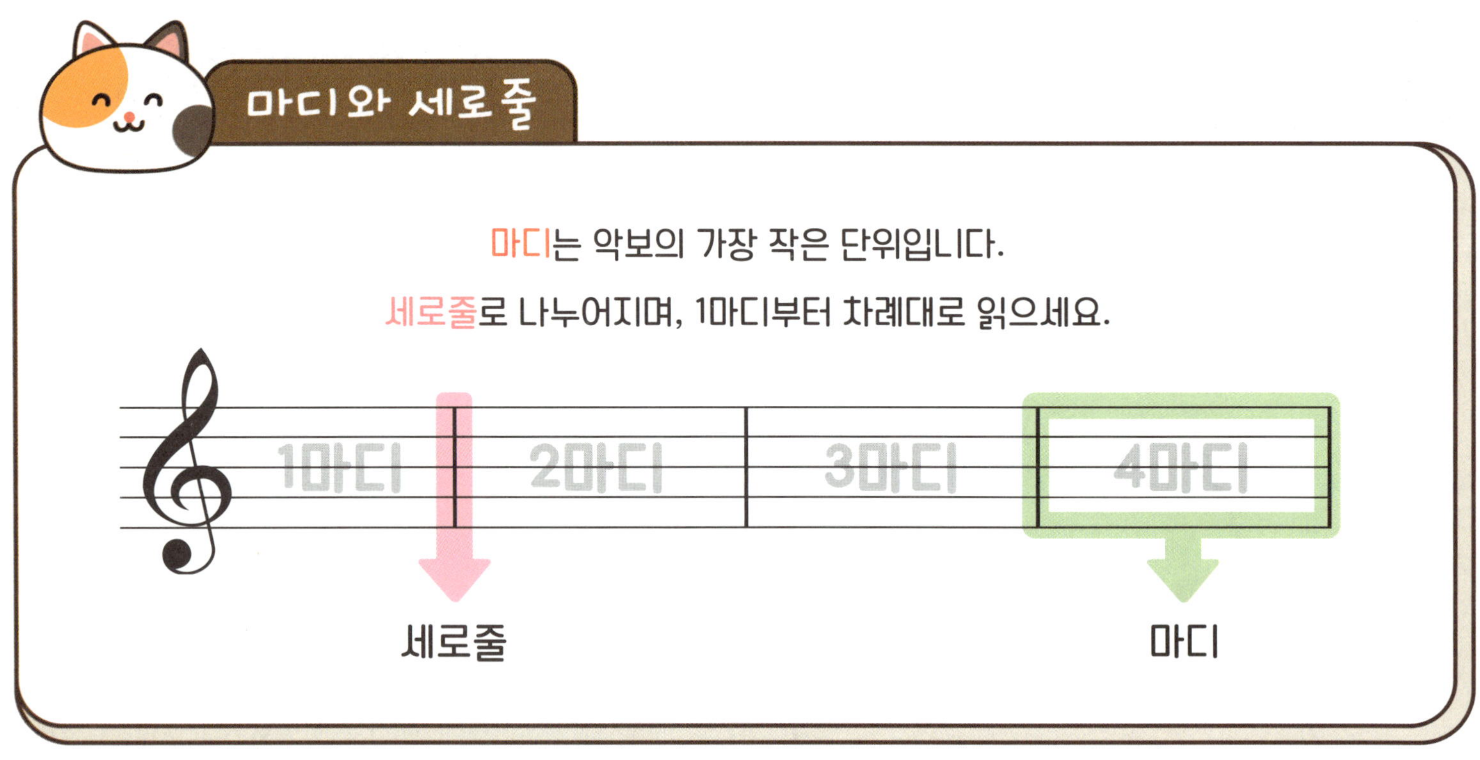

🧁 악보 위에 세로줄을 그리고, 빈칸에 알맞은 말을 써 보세요.

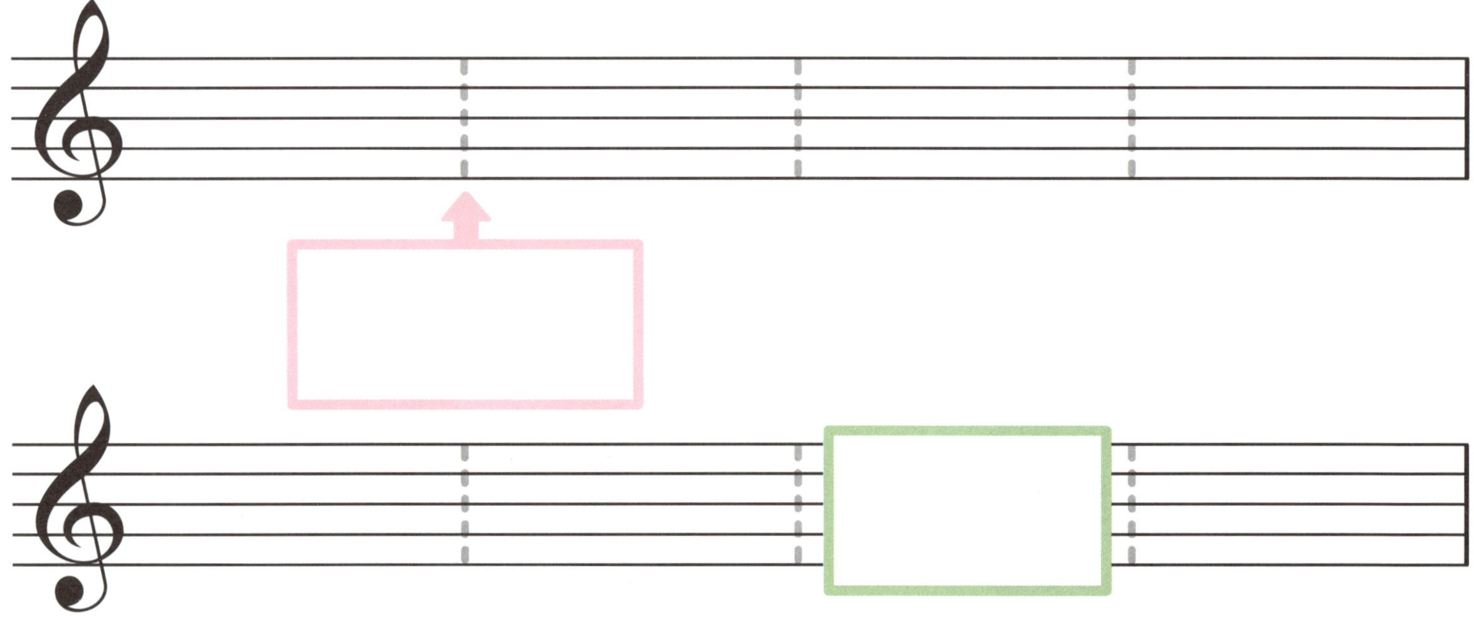

그림자를 보고 고양이 스티커를 붙여보세요.

 주어진 악보의 마디 수를 빈칸에 숫자로 써 보세요.

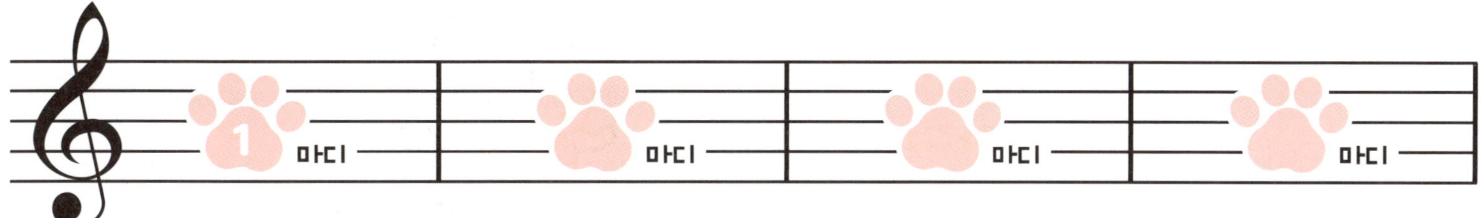

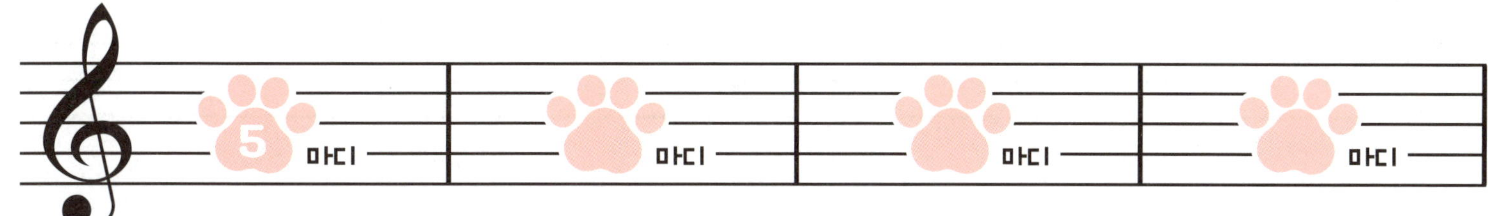

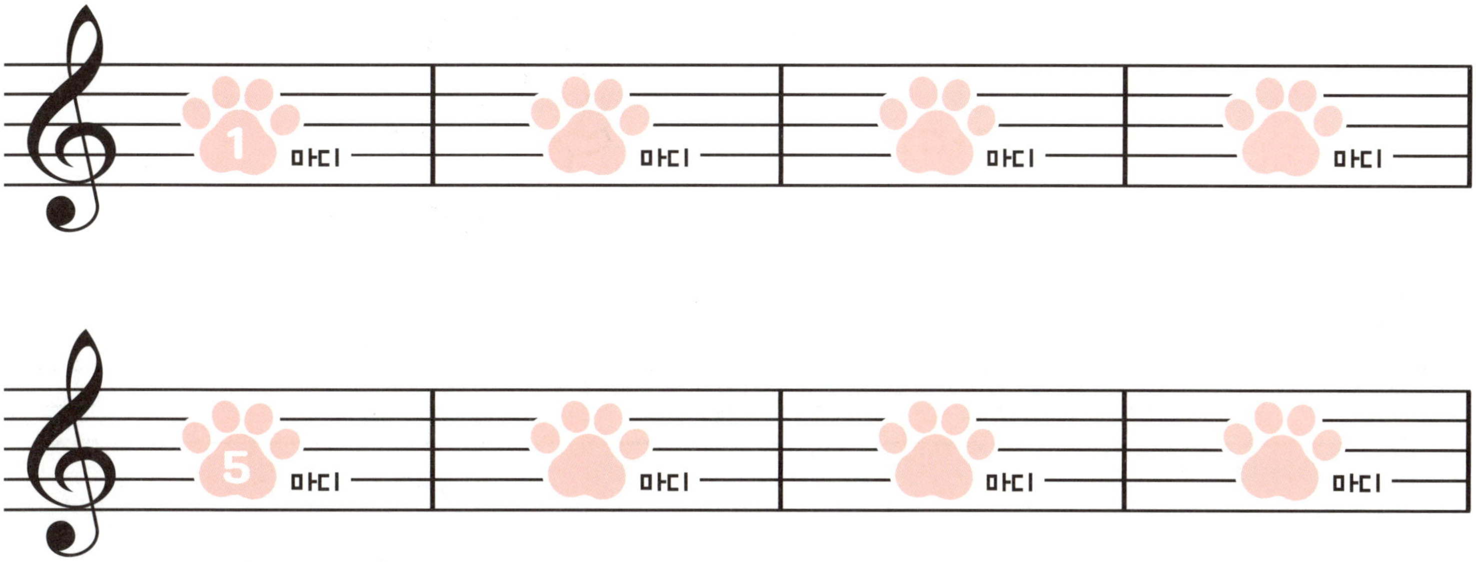

🧁 주어진 악보의 마디를 세어보고, 마디 수를 숫자로 써 보세요.

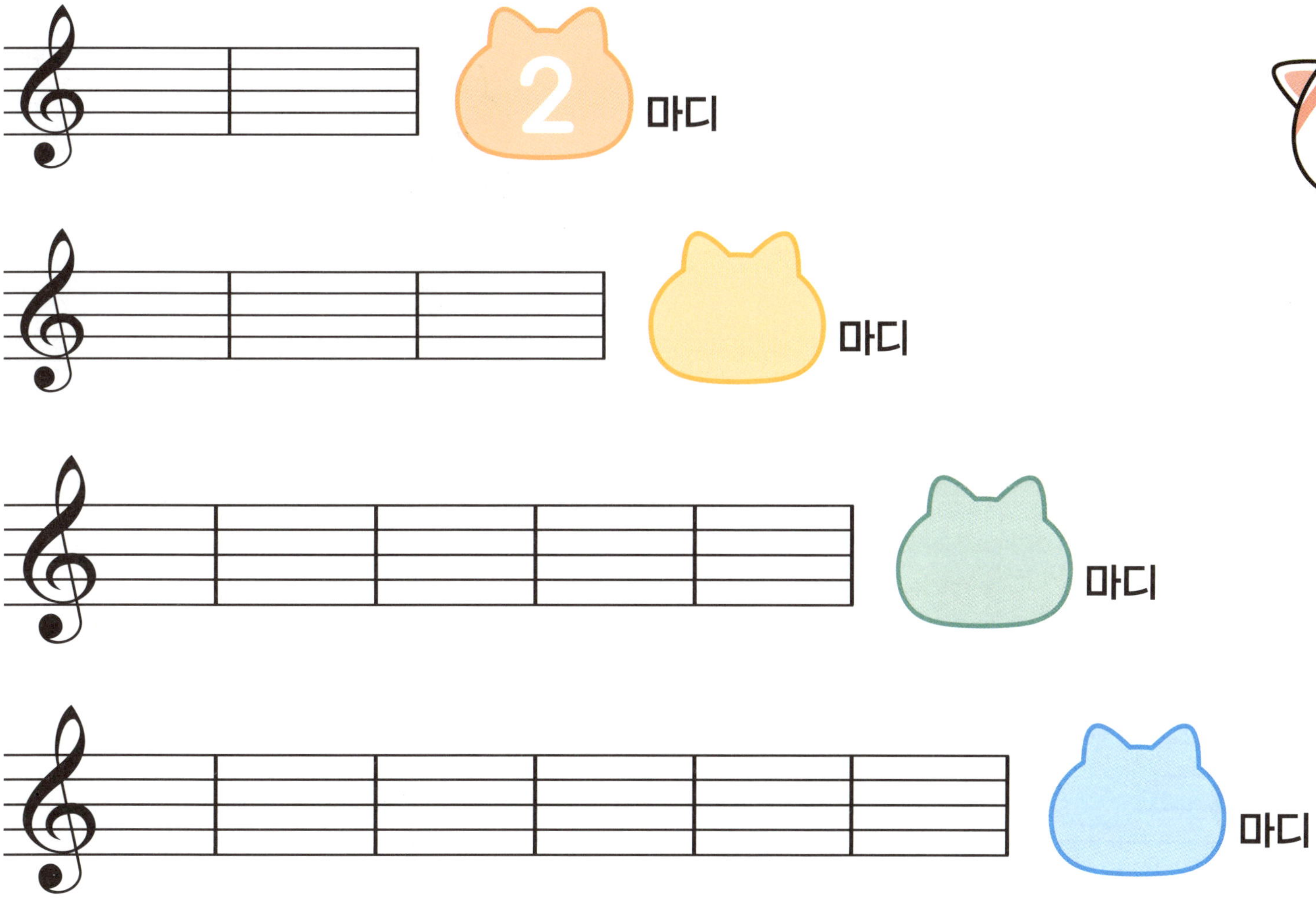

고양이가 말하고 있는 마디의 번호를 보고, 올바른 마디에 V표시해 보세요.

2마디, 9마디, 11마디
I ♥ music

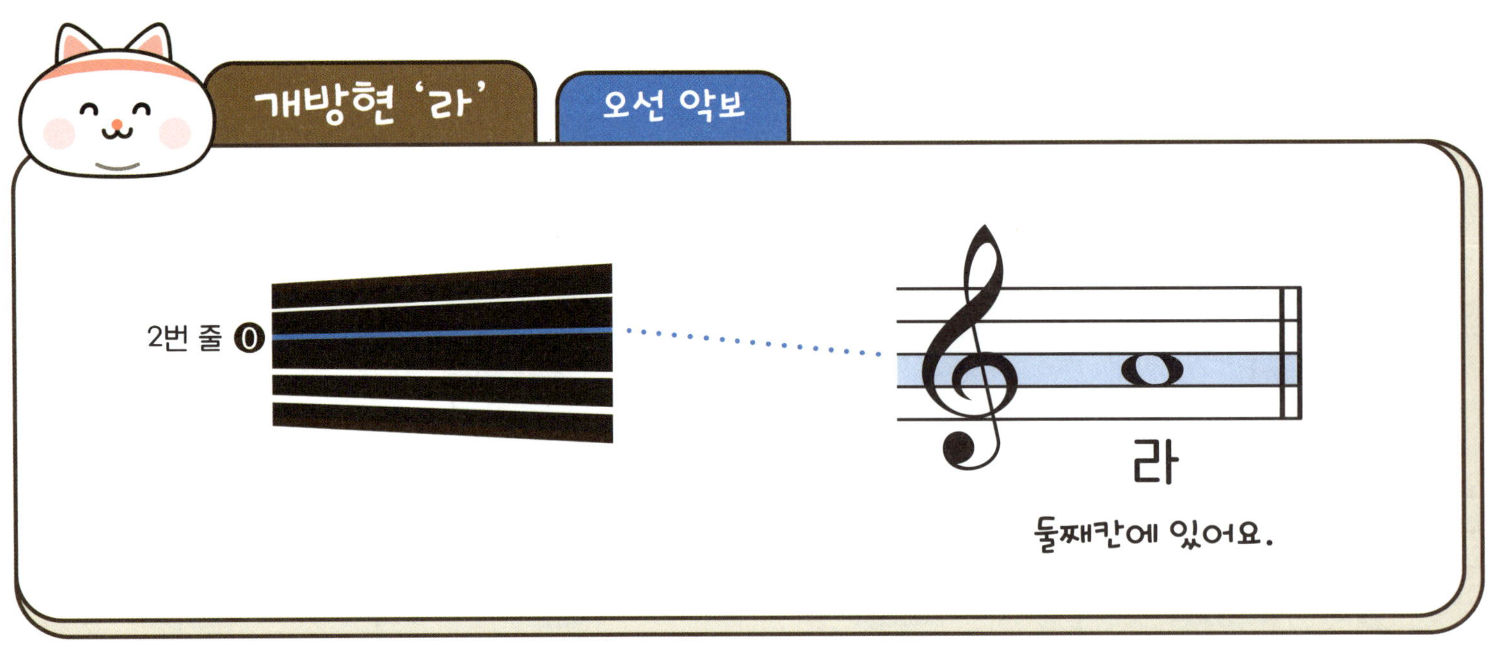

🧁 개방현 '라'의 음표를 따라 그려보세요.

온음표

점2분음표

2분음표

4분음표

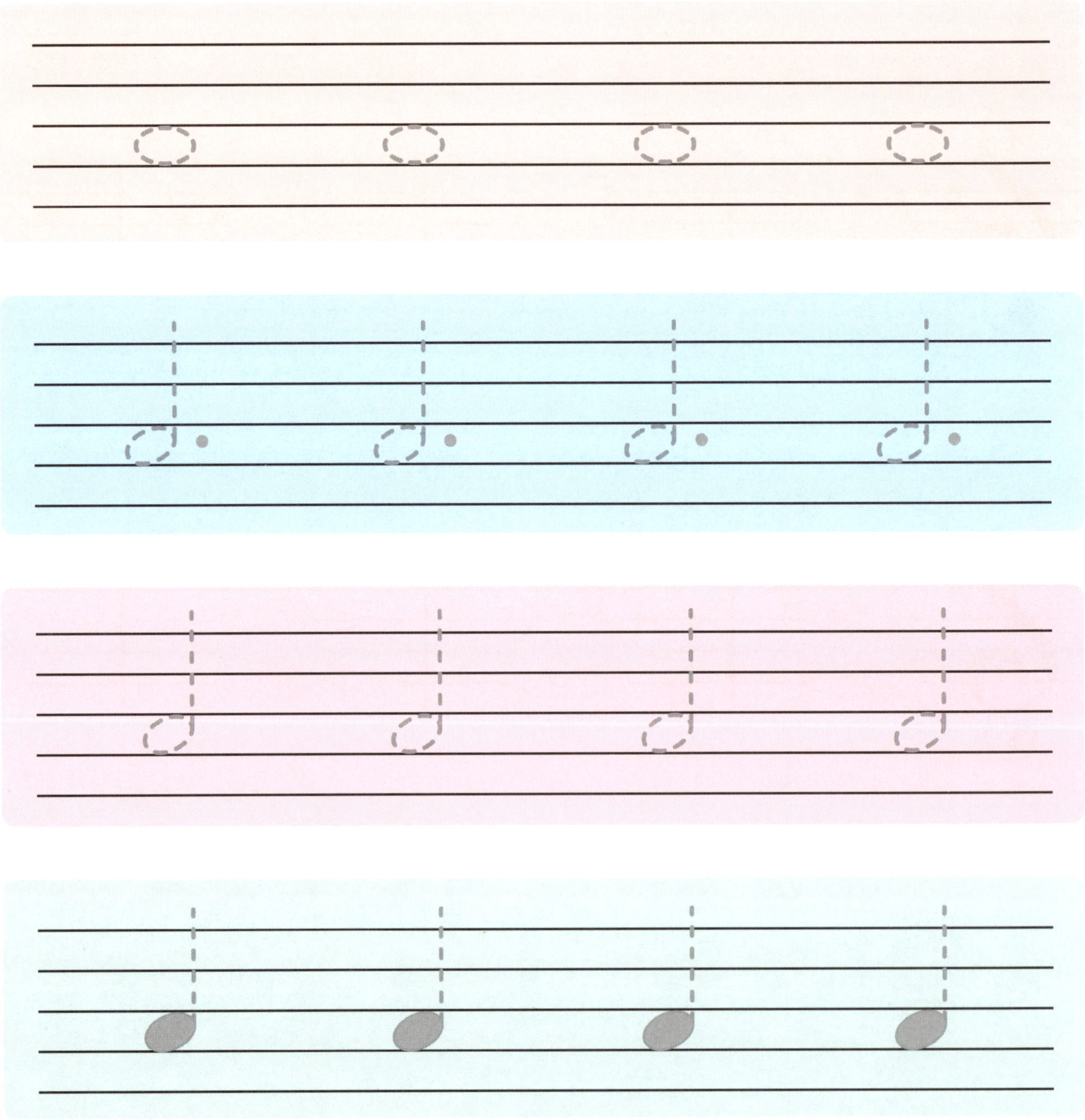

개방현 '라'의 바이올린 줄을 찾아 V표시해 보세요.

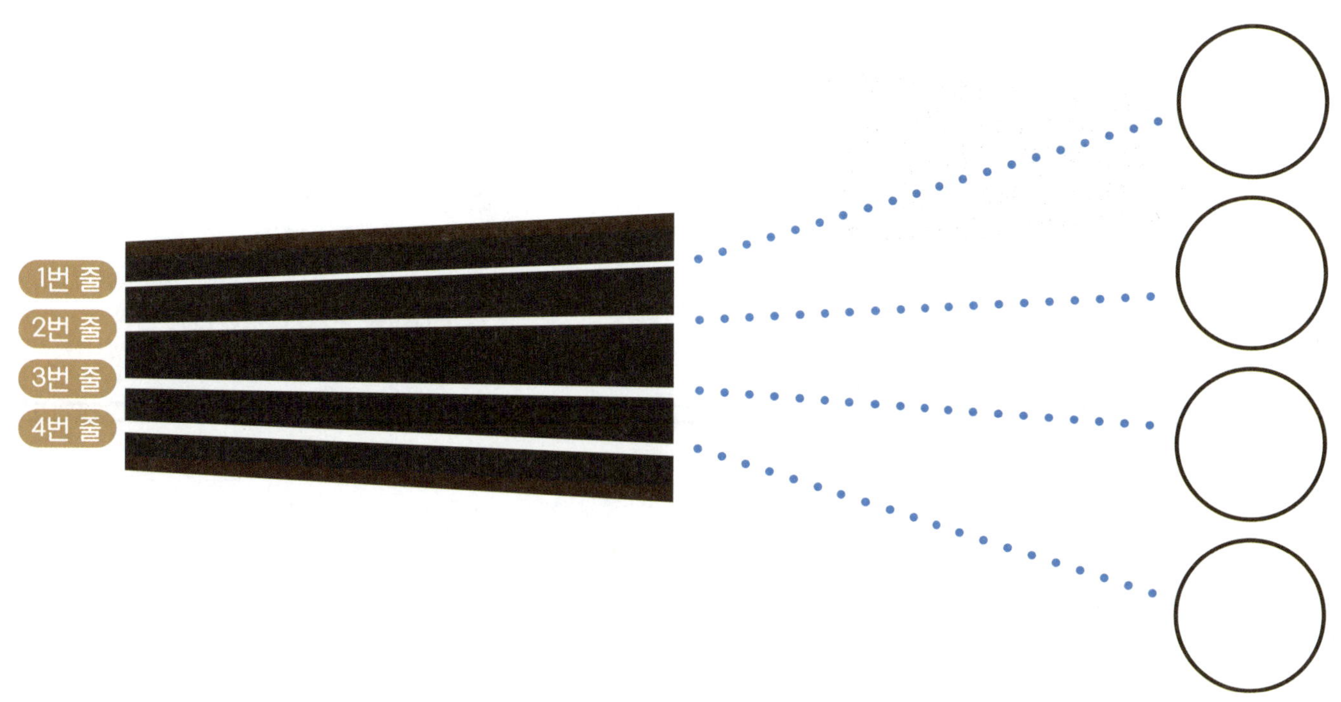

주어진 악보에서 개방현 '라'를 찾아 ◯표시해 보세요.

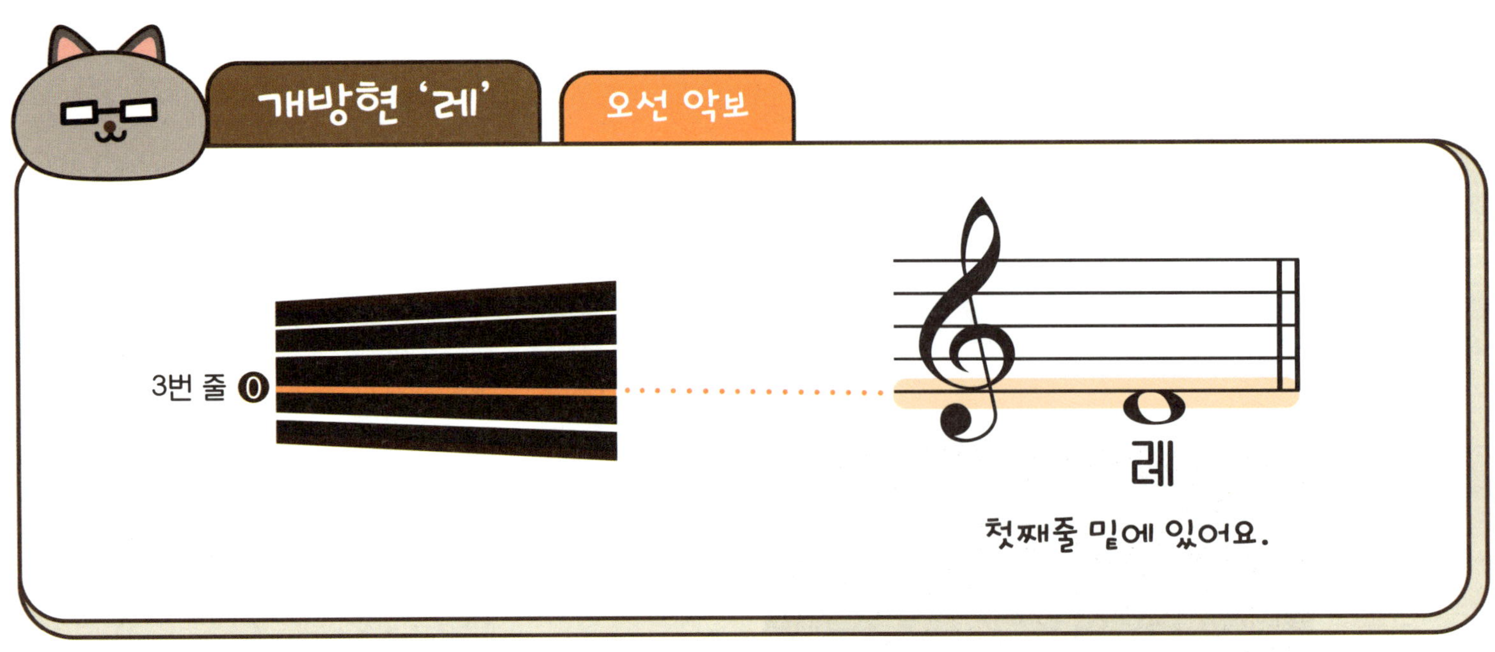

🧁 개방현 '레'의 음표를 따라 그려보세요.

온음표

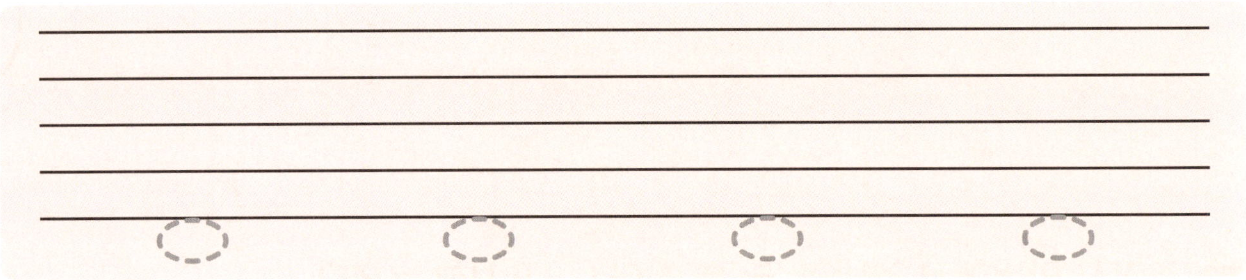

점2분음표

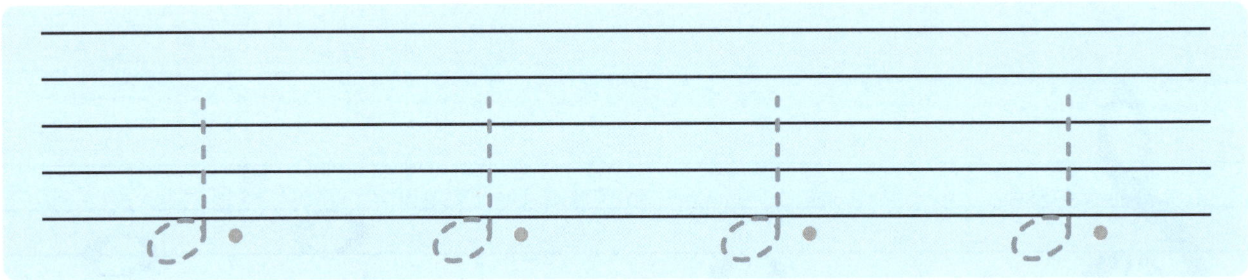

2분음표

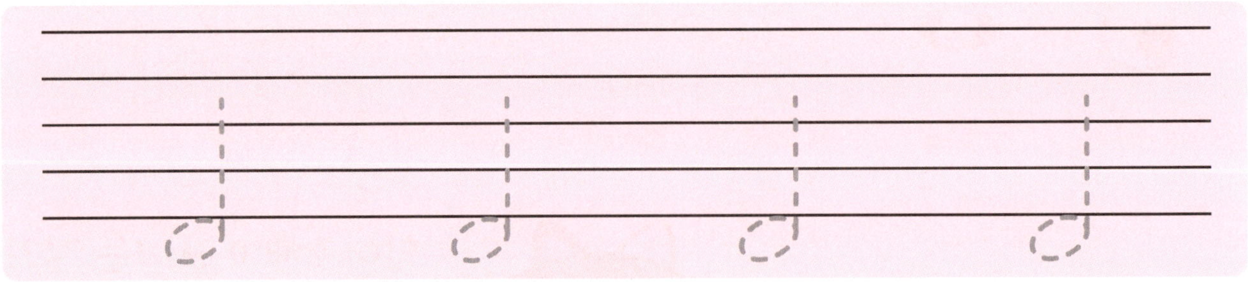

4분음표

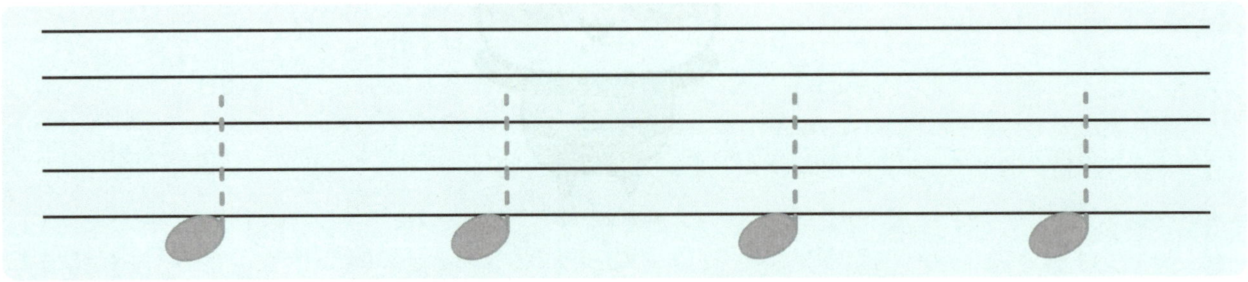

 개방현 '레'의 바이올린 줄을 찾아 ∨ 표시해 보세요.

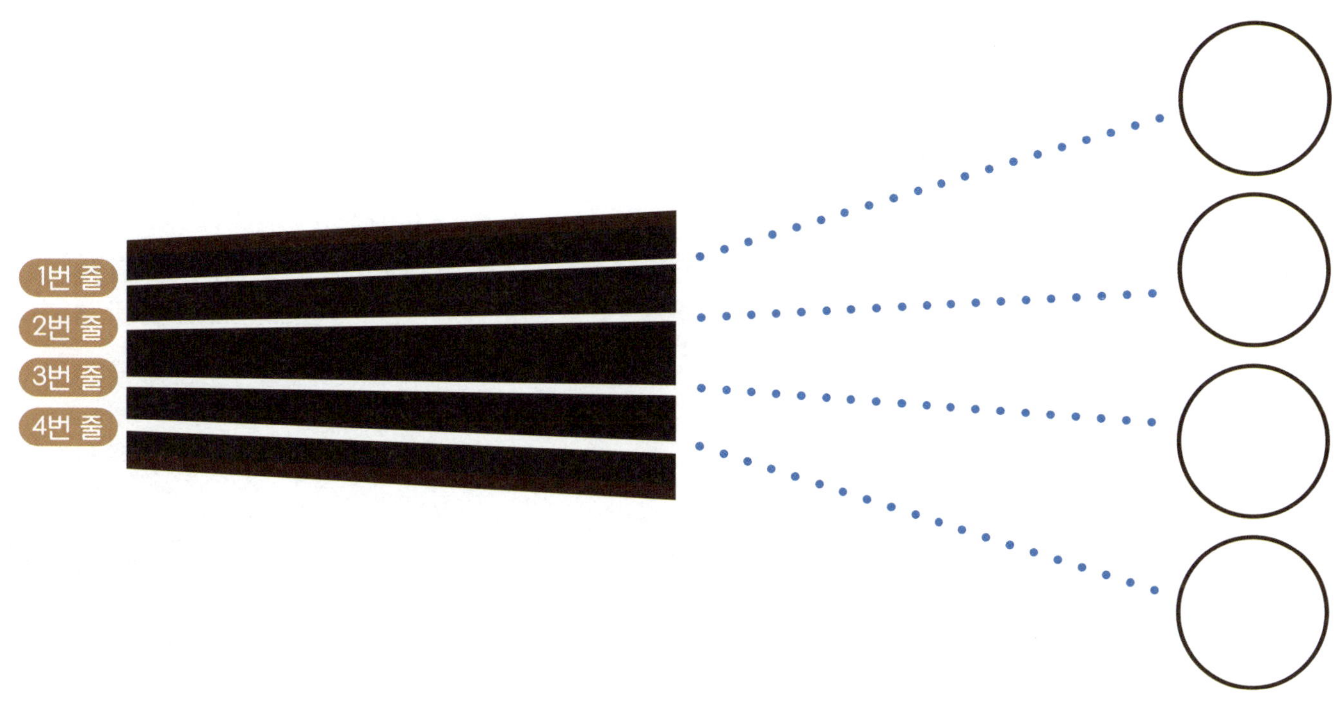

 주어진 악보에서 개방현 '레'를 찾아 ⭕ 표시해 보세요.

 고양이가 말하는 음표와 계이름을 보고, 알맞은 악보를 찾아 V표시해 보세요.

2분음표 '라'

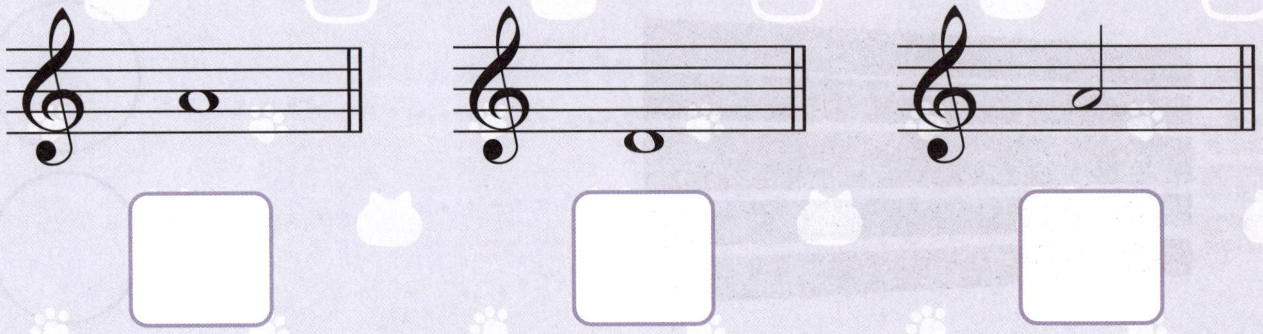

2분음표 '레'

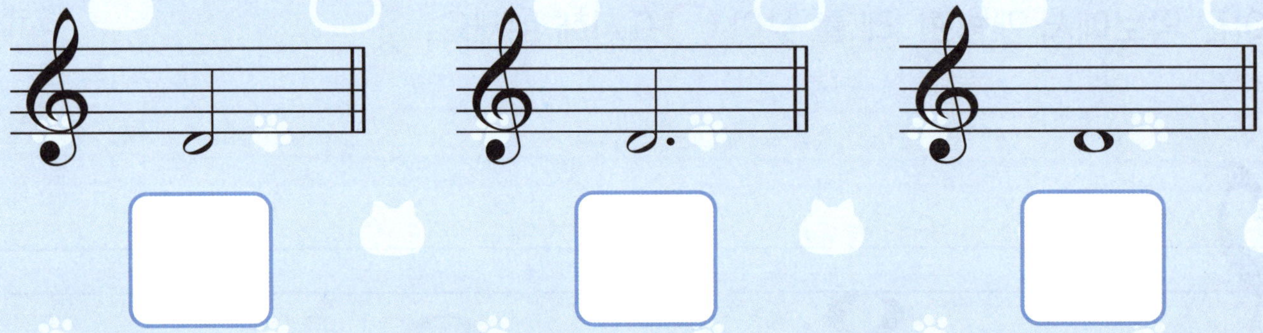

온음표

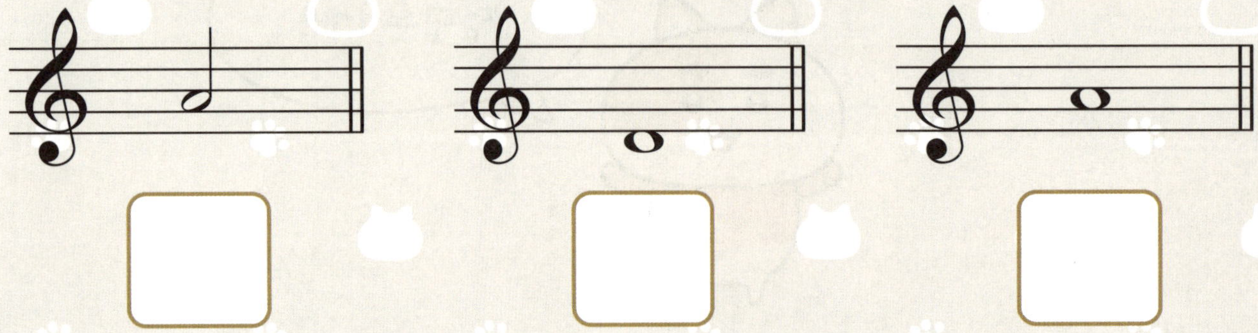

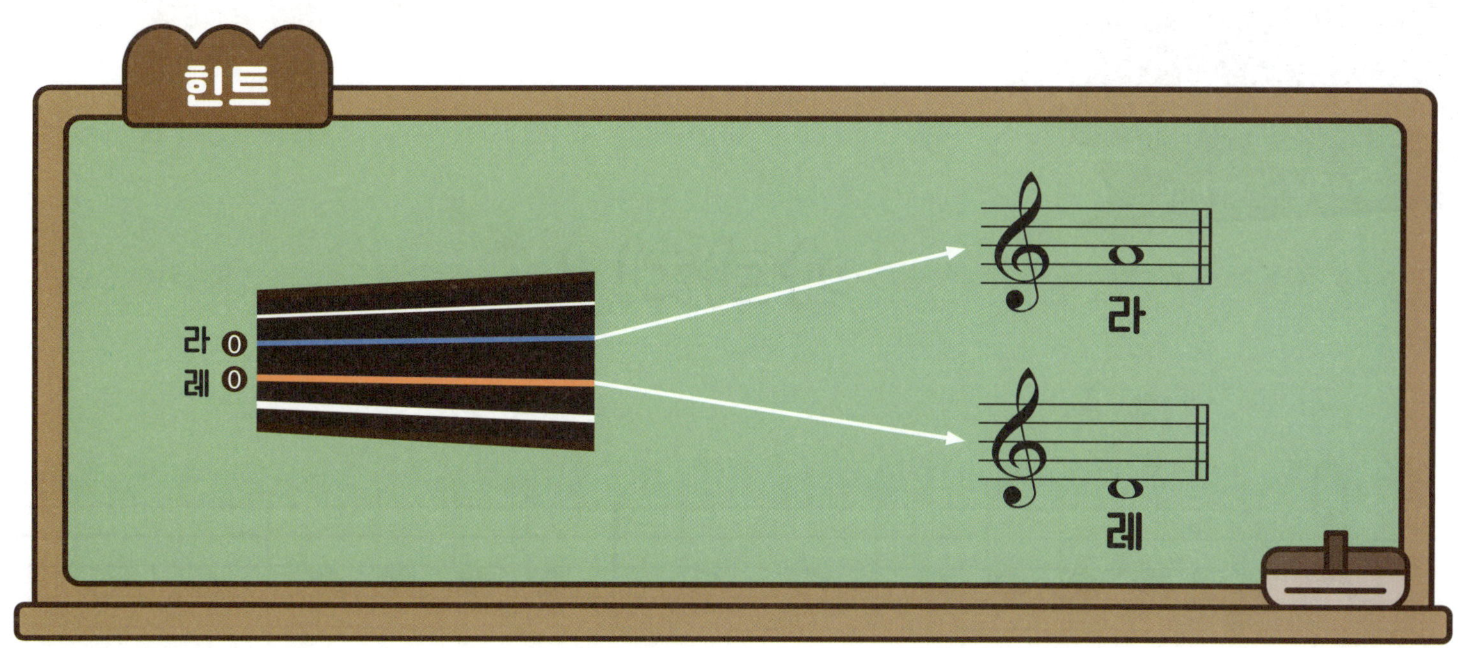

🧁 서로 알맞은 것끼리 연결해 보세요.

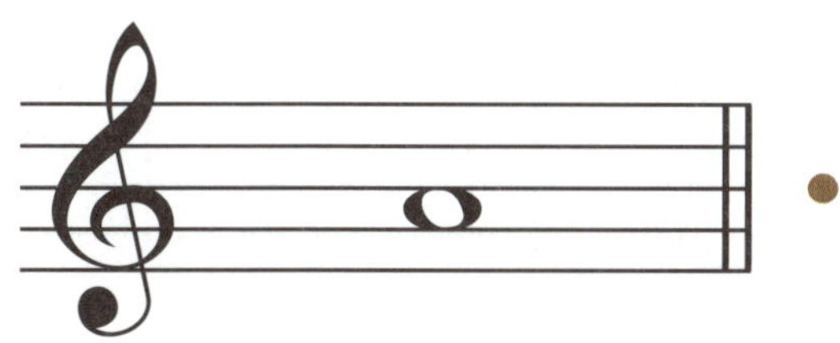

•

•

•

•

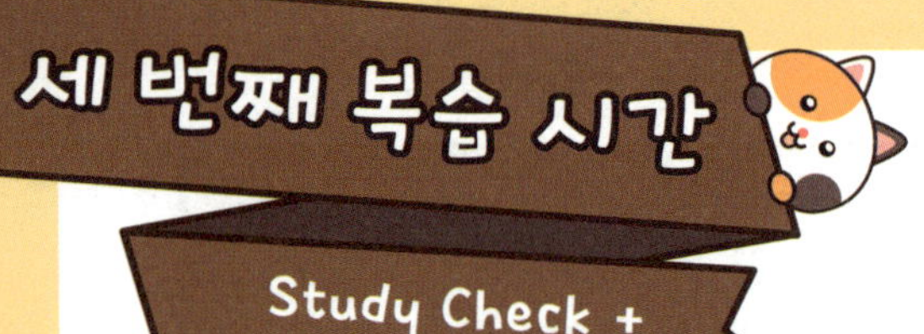

아다지오

바이올린 수업 시간에 '아다지오' 악보를 배우고 있어요.

악보를 보며, 바이올린 선생님의 질문에 알맞은 답을 말하고 있는
친구를 찾아 V 표시해 보세요.

아다지오 악보에서
11마디에 그려진 음표의 이름과
계이름을 말해 보자.
I ♥ music
점2분음표, 라
온음표, 라
4분음표, 레
2분음표, 레

7p
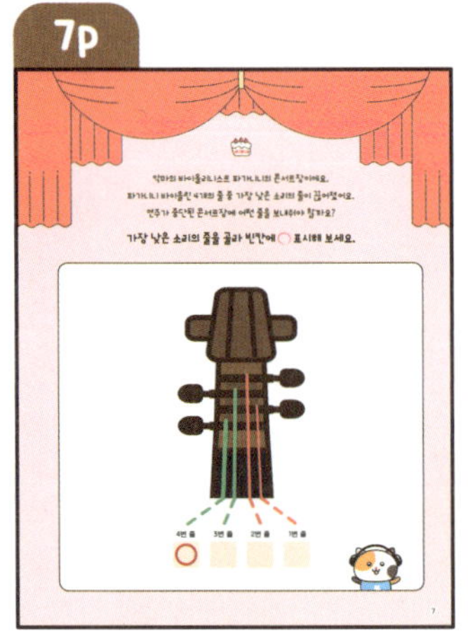

9p
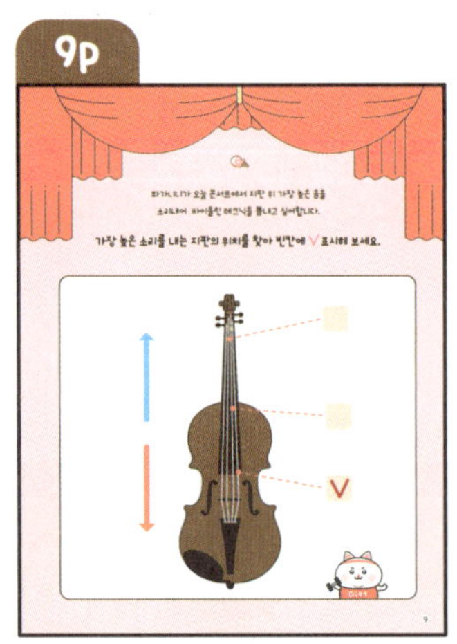

10p

11p

12p
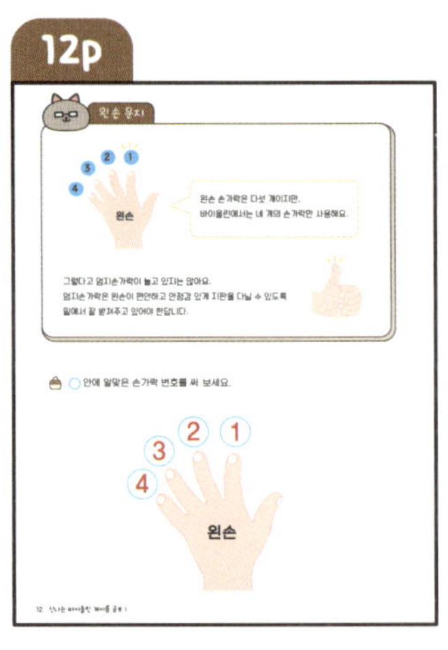

13p

15p

16p
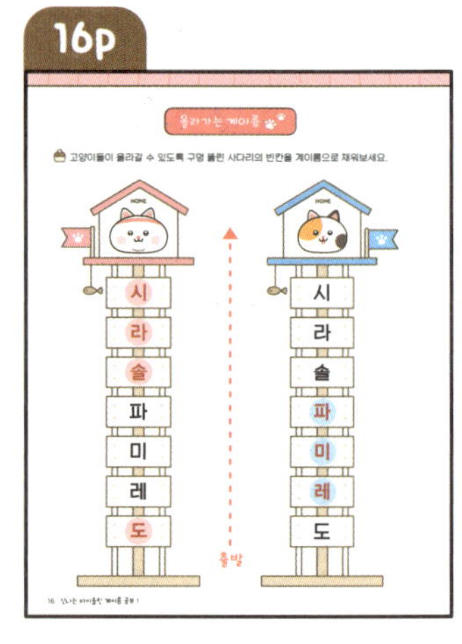

17p
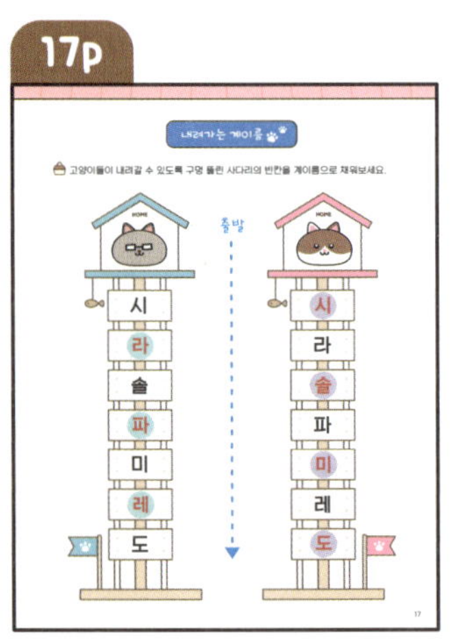

19p
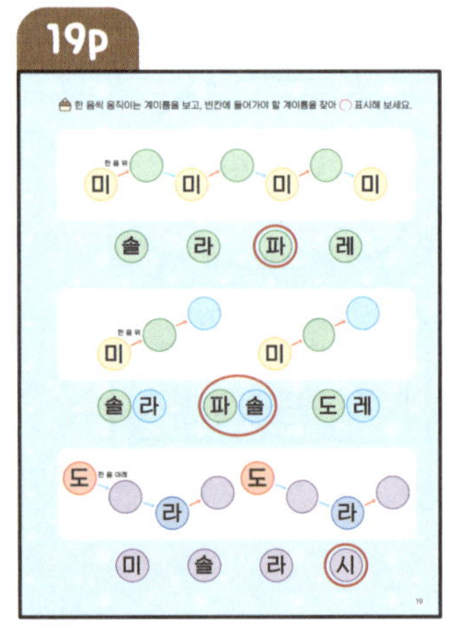

21p
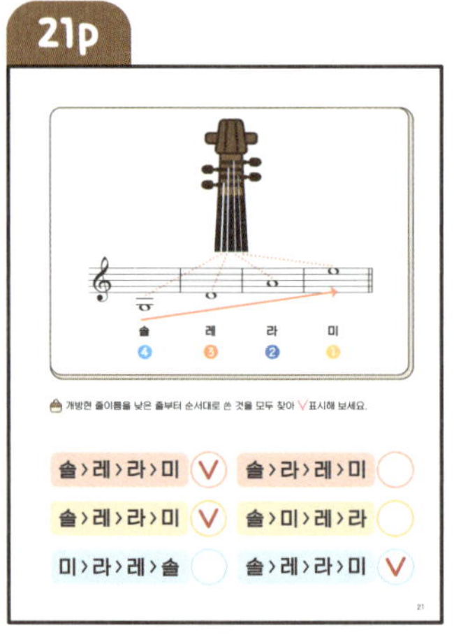

22p
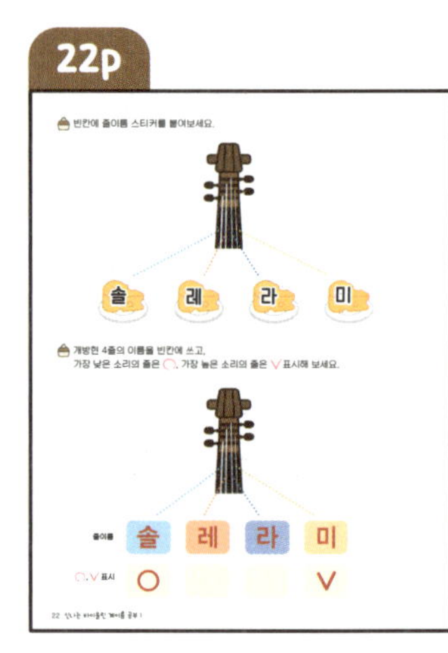

23p
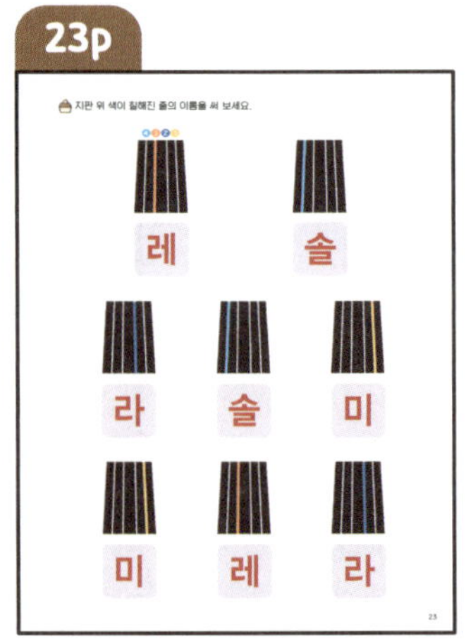

24p

25p

26p
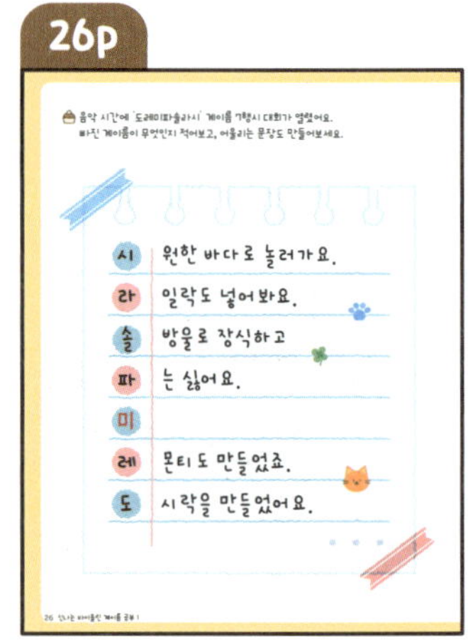

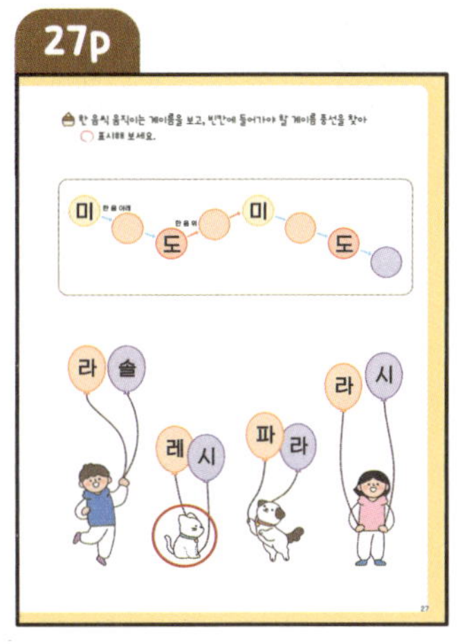

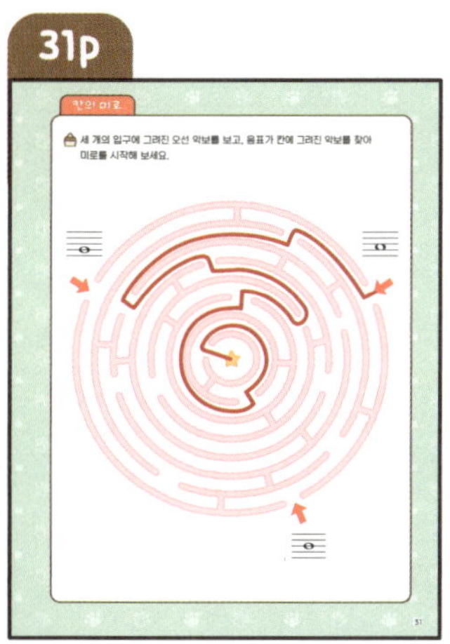
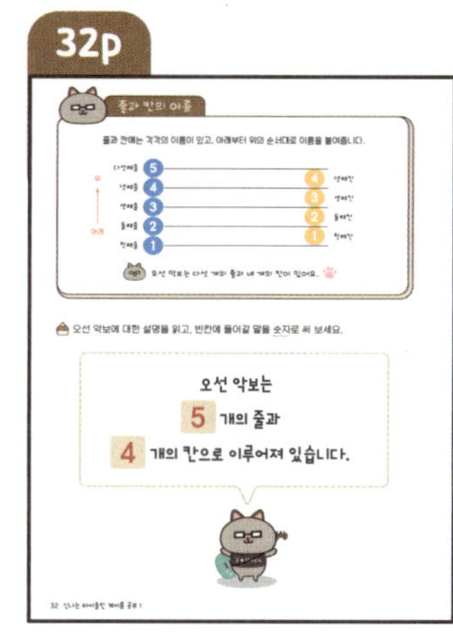
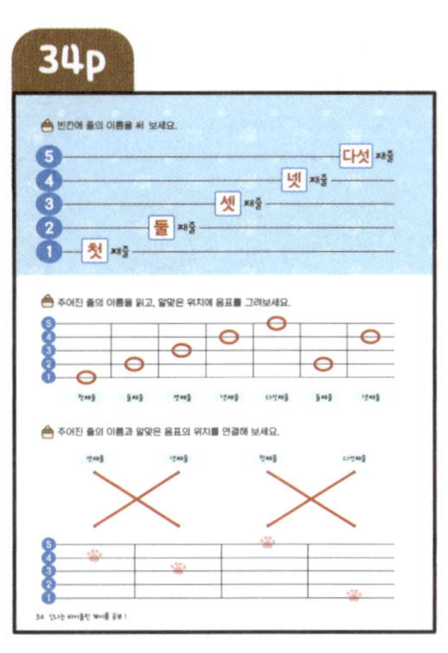
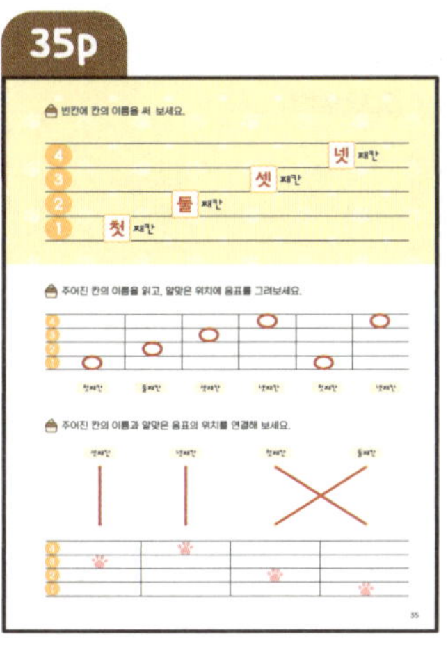

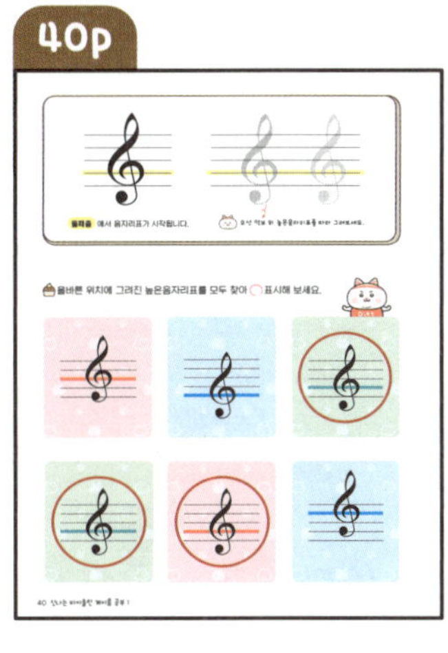

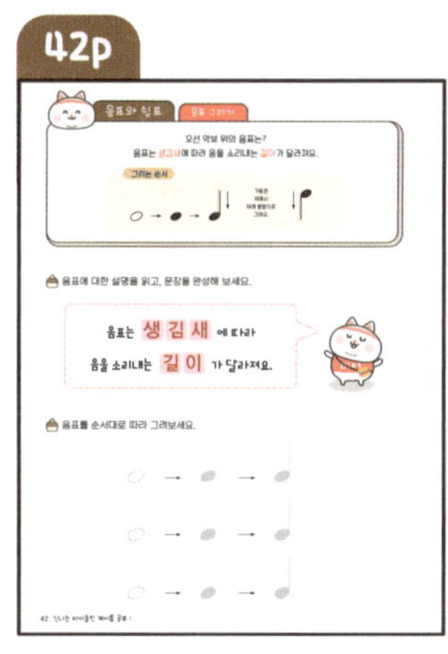

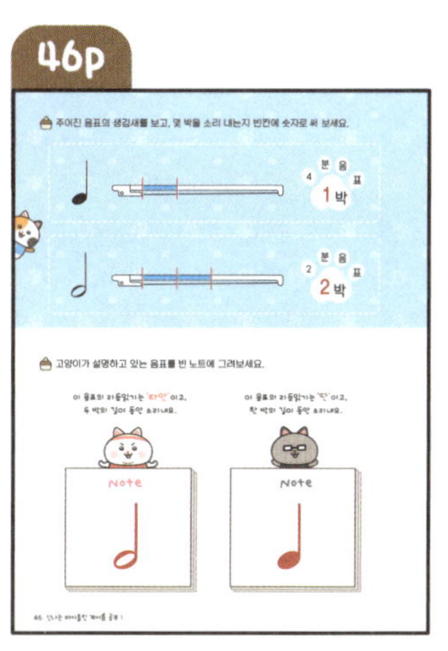

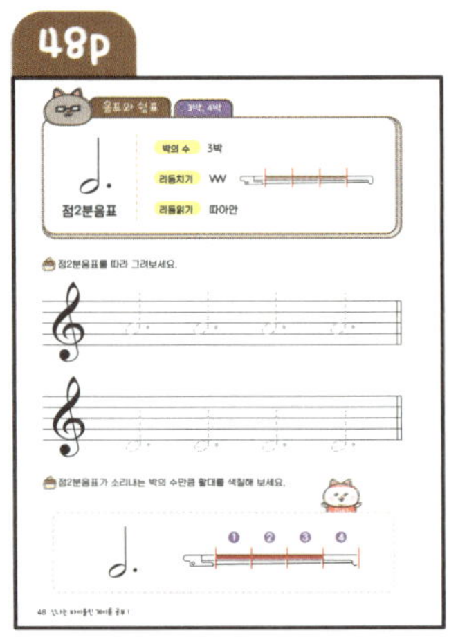  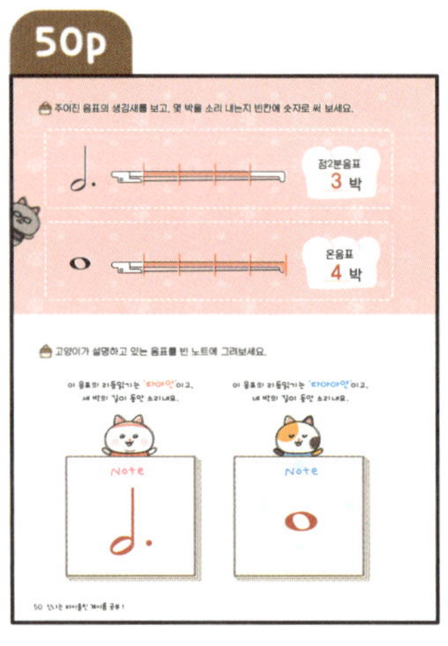 

   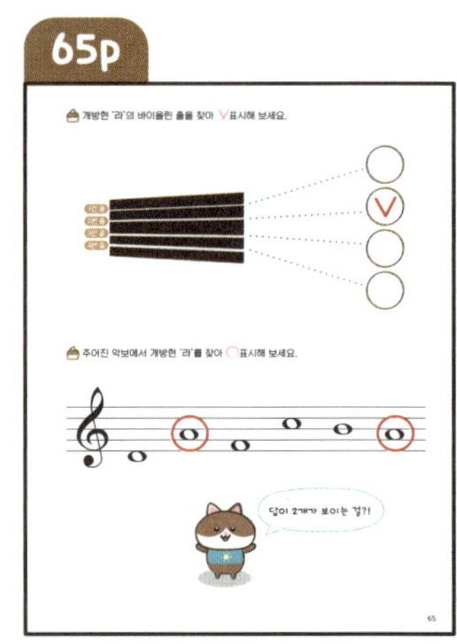

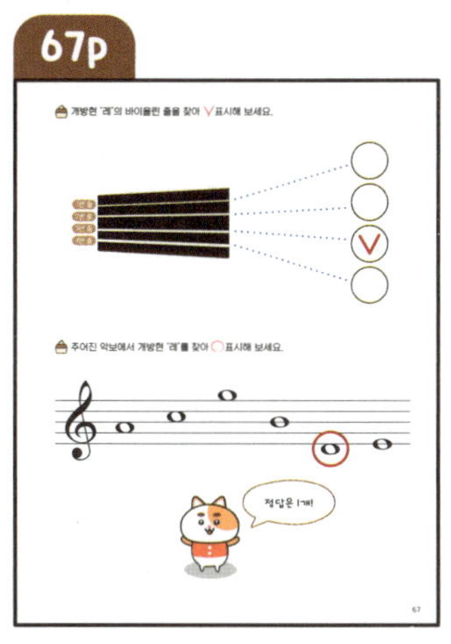

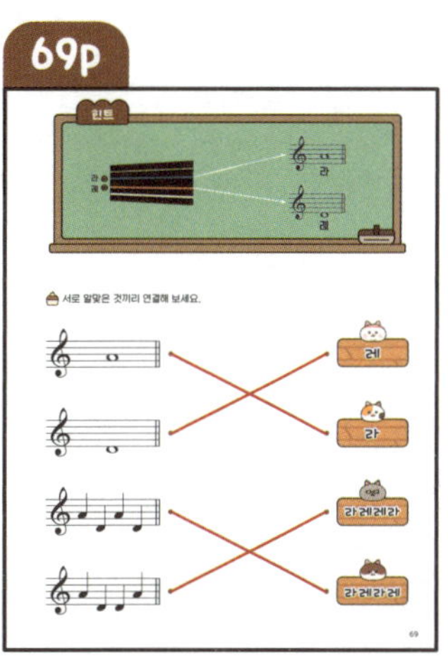

신나는 바이올린 계이름공부 ① 편집부 편

발행인 박현수
발행처 세광음악출판사 | 서울특별시 구로구 벚꽃로76길 27
　　　　Tel. 02)714-0048, 50(내용 문의)　　Fax. 02)719-2656
　　　　http://www.sekwangmall.co.kr
공급처 (주)세광아트 Tel. 02)719-2652　　Fax. 02)719-2191

|총괄| 강성호
|편집 및 교정| 박주영, 여정민
|디자인| 김태원, 강주연
|제작| 김상준
|마케팅| 강성호, 윤미희

등록번호 제3-108호(1953. 2. 12)　**인쇄일** 2025. 11
ISBN　978-89-03-17211-6　93670

© 2024 세광음악출판사

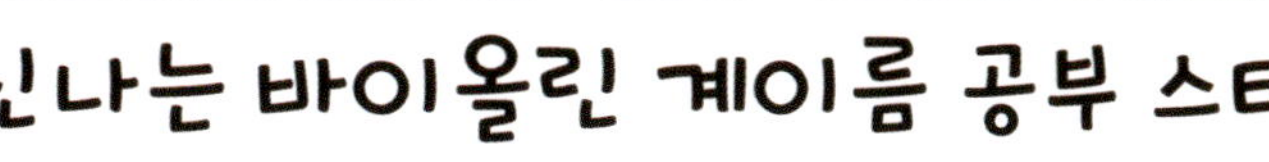

신나는 바이올린 계이름 공부 스티커
1권

4쪽

13쪽

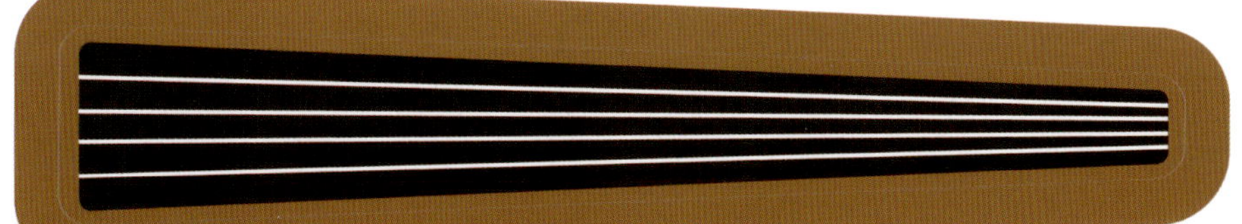

15쪽

도 레 미 파 솔 라 시

22쪽

솔 레 라 미

41쪽

60쪽

Die